年商10億円ビジネスを実現する、最速成長サイクルのつくり方

矢田祐二 著

セルバ出版

はじめに

本書は、「組織を機能させたい」そして「現場を離れ、経営に専念したい」、その結果「もっと早く事業を成長させたい」と本気で挑む社長のために、記した『組織づくり』のための実務書です。

本書の特徴は、年商数億円の企業が、「どのように組織化を進めていくのか」を解説した点にあります。

年商数億円という規模までは、社長という『個人の力』で来ることができました。問題が起きると、社長自身が現場に駆け付け、対策案を考え、指示を出します。その再発防止のために、仕組みをつくります。これは『個人の成長サイクル』と言えます。

この先に進むためには、『組織の成長サイクル』を獲得する必要があります。具体的に言えば、「各部門が目標達成のために邁進している」、「問題が起きると管理者や社員から対策案が提案される」といった体制をつくるということです。

このように組織が組織として機能している必要があります。また、「部門間が連携し、仕組みをつくり変えている」状態も必要です。これにより、スピードある成長と毎期ノウハウを積み上げることができます。

年商数億円から年商10億円に進むときには、絶対に『組織』が必要になります。組織ができることにより、初めて、その停滞を抜け出すことができます。また、その後も年商20億円、30億円を目指し、成長を続けることができます。

『個人の成長サイクル』のまま、売上を増やせば、すぐに問題が起きることになります。そのときはなんとか乗り越えても、また少し売上が増えれば、問題が起きます。社長は更に忙しくなり、お客様からの信頼も失うことになります。多くの会社が、事業モデルがよくても、組織がつくれないために、「並」の会社になっています。

組織づくりは、すべてを繋げてつくっていく必要があります。社長が描く事業構想をもとに、仕組みを設計し、組織を機能させていきます。組織を機能させるために必要なものは、実に明確です。それを1つひとつ構築していくことで、確実に『組織の成長サイクル』を得ることができます。その結果、事業をすごいスピードで成長、展開させることができます。会社全体が、お客様を満足させるために一致団結している状態をつくることができます。

本書では、この『組織としての成長サイクル』の全貌と構築の手順を、実際の変革事例を使いご説明しております。「自社の素晴らしいサービスが、より多くの人に広がる」、「管理者や社員がその能力を余すところなく発揮できる」、そして、「社長が、現場を離れ、本来の経営の仕事に打ち込める」ことの実現に、お役に立てれば幸いです。

2019年8月

矢田 祐二

年商10億円ビジネスを実現する、最速成長サイクルのつくり方　目　次

第1章　年商10億円を目指す社長は、最速の成長サイクルをつくれ！

第2章　会社は、社長の考え方でできている

第3章　どんどん仕組みをよくしていく、組織づくりの第一歩

第4章 最速を実現するための、最強のツールを手に入れろ！

第5章　社長が絶対に押さえるべき実行の要所

第6章　最速のスピードを実現するために、『人材』を獲得する

第7章　優秀な社長が率いる会社は、もっと大きくなれ

第1章

年商10億円を目指す社長は、最速の成長サイクルをつくれ！

1　各部門が、課題を見つけ、仕組みの改善に取り組んでいるか

事業が伸びるとき、増える「量」がすべての仕組みを破壊する

本書は、年商10億円ビジネスの条件である「成長サイクルのつくり方」を記した専門書です。年商数億円までの『属人的な成長』を、『組織的な成長』に変革するための、構築の要素とその手順を説明しています。

私は、年商10億円ビジネス構築を専門にするコンサルタントです。年商10億円にはそれに見合った『事業モデル』と『さばく仕組み』、そして、『成長組織』の3つが必要となります。その必要となる3つを、体系だって導入するお手伝いをしています。

創業からここまでの年商数億円規模までは、『個人の力』でやってくることができました。何か問題が起きると、社長（または、一部の優秀な社員）が、真っ先に駆け付けます。その原因を分析し、解決策を考え決定します。そして、実際の対処から仕組みの構築までを行います。このサイクルにより問題は解決され、仕組みがよくなります。

個人の力によって、会社は成長したと言えます。これは、いままでの小さな規模での成長の仕方と言えます。この規模までなら、通用した成長の仕方なのです。

これが年商10億円という規模では、到底間に合わなくなります。年商数億円と年商10億円で何が一番異なるかと言えば、それは「量」となります。顧客数、扱う案件数、管理すべきデータも、すべてが膨大な量になります。その量を効率よくさばくために、分業を進めることになります。営業部門にお客様の対応を専門にやってもらいます。製造部には製造や出荷を担ってもらいます。

この規模が大きくなる過程で、多くの問題が起きることになります。稼働している仕組みは、いままでの量には対応していました。顧客数や案件数が増えていけば、いままでの仕組みでは、対応できなくなります。量に先回り、または、対応して仕組みをつくり変えていきます。

更に部門を細かく分け、スタッフを増やし、分業を進めます。そこでも仕組みが使い物にならなくなります。業務の流れや役割分担などの仕組みを再整備していきます。

この増える量や分業に仕組みづくりが間に合わないと、至る所で問題が起きることになります。抱える案件の進捗が滞り、納期遅れが発生します。部門間の連携ミスや漏れが起きます。スタッフの戦力化が追い付かず、サービスの品質も落ちてきます。お客様からのクレームになるケースも増えます。根本的な対策が遅れれば、益々その状況は悪化することになるのです。それでも売上を追えば、更に問題は増えていきます。

個人での成長を、組織での成長に変革する

売上が伸び始めたとき、いままでのような「個人」すなわち、社長や一部の優秀な社員だけが仕

組みをつくり変えているという状況では、全く間に合わなくなります。

そのときに、『組織』が必要になります。各部門が、其々の受け持ちの中で起きる問題を解決するために、仕組みの改善を行います。営業は、顧客データベースや受注管理の仕組みの見直しを行います。製造部内に購買課を新設し、その業務の流れや判断基準を設けていきます。

この仕組みをつくり変えることこそが、本来の組織の役目であり、機能となります。そして、その後も、増える量と分業に合わせ、組織が継続的に仕組みをつくり変えていきます。

年商10億円には、この構築が必須となります。それは、年商数億円の「属人的なもの」とは、全く異なります。社長は、どのような要素が必要になるのか、そして、どのように構築すればよいのか、を理解することが必要になります。

構築ができなければ、拡大する過程のどこかで停滞することになります。案件が少し増えると、品質が落ちてきます。または、現場が混乱します。

決して、混乱が悪いわけではありません。どんな会社でも、拡大するときは混乱するものです。悪いのは、その状況への対応の仕方です。年商数億円規模のとき同様に、「社長や優秀な社員が対応する」状況こそが悪いのです。

そのときはなんとか納めることができたとしても、次の拡大は越えられません。問題に対して仕組みを直すどころか、クレーム対応に追われることになります。いままで問題なくこなせていた業務さえもこなせなくなります。

いままでの規模でも、社長の頭の中はパンパンなのです。その一方で、管理者や社員は、通常通り『作業』をしています。課題に気づくこともなければ、改善案を出すこともありません。

多くの年商数億円規模の会社は、事業を仕組みで回せていません。そして、その仕組みの改善を、組織として取り組めていません。いまの規模もまともにできていないのが実情です。

それでも、前年対比10％、20％の目標を掲げ、売上を増やそうとします。この先の更なる混乱は火を見るよりも明らかです。その混乱が収まったときには、また元の規模に戻ることになります。

年商数億円規模の会社に必要なのは、次の2つになります。

1つは、『組織』です。各部門がそれぞれの業務を担っており、会社全体として同じ目標の実現に向け一致団結しているという「組織が組織として機能している状態」をつくります。

そして、もう1つは『成長サイクル』です。「各部門が目標達成に邁進する」、そして、その過程で「仕組みをどんどんつくり変えていくサイクル」をつくります。

これを獲得できて、初めていまの規模を脱し、次の段階に進むことができます。組織としての成長のスピードを得ることができるのです。

創業１４０年の老舗を継いだＭ社長の苦悩

食品メーカーM社は、地方中核都市にあります。冬の晴れた日に、私はM社を訪れました。引き戸を開け、いつもの挨拶をします。「こんにちは、ワイズサービス・コンサルティングの矢田です」。

私は、この挨拶に対するその会社の反応を見るようにしています。気持ちのよい挨拶が返ってきます。「いらっしゃいませ！」複数の方が声を出しています。20台ほどの事務机が並んでおり、男女半々の10名ほどが手を動かしています。

奥にある会議室に案内される途中に、商品サンプルや書類が山盛りになった丸テーブルがありました。明るく、整理整頓がされた事務所だけに、印象に残っています。

席に着き、書類を準備しているとM社長が現れます。「矢田先生、先日はありがとうございました」。1か月前に当社主催のセミナーにご参加いただき、その流れでのご相談です。セミナーの休憩時間に主な課題はお聞きしていました。「ここ数年間、年商7億円で停滞している」、「仕組みらしきものが全くない」、「社員の入れ替わりが激しい」、「管理者が機能していない」など。それらは、この規模の多くの会社が共通して持つ課題ばかりです。

私は、事務所に入ったときの感想をM社長にお伝えします。「全体的に若い方が多く、雰囲気も明るいですね」。創業から140年が経っている会社だけに、そこで働く社員の年齢は高めだろうと想像をしていました。

M社長は笑顔で返されます。「そうなのですよ。明るく元気だけが当社の取柄です」。そして、眉を曇らし言われます。「それだけに悔しいのです。事業としてのポテンシャルは高く、社員も元気があります。もっと伸びるはずなのですが」。

M社長は、勤めていた大手企業を辞め、15年前にM社に入りました。当時の社長の娘の「旦那」

であるため、実質的な後継者です。入社してすぐにM社長は、「中小企業の何もなさ」と「オーナー社長のワンマン経営の洗礼」を受けることになります。

最初に驚いたのは、その仕組みのなさです。営業担当を任されるものの、業務の流れやマニュアルなど、書面になっているものは何もありません。わからないことを訊いて初めて、教えてもらえるという状態です。人に教えるという風土もありません。

チームと呼べるものはなく、それぞれが顧客を持ち、営業から手配まですべてをさばく個人商店スタイルです。自分自身でそのやり方を習得し、顧客も自分で一から開拓しなければなりません。負けん気の強いM社長です、なにくそと頑張り成果を出していきました。

そして、何よりも驚いたのは、社長と社員の関係です。当時社長であった義理の父は、超ワンマンです。会社のすべてが、社長の一言で決まっていきます。

それに対し、管理者も社員も従うだけです。社長に対して意見する社員は1人もいません。ミスを犯せば、厳しい叱責があります。そのため、社内は暗いのです。スタッフ全員が、黙々と体を動かすだけなのです。

M社長は、そのとき痛烈に思うことがありました。「このように働いて、人は幸せなのだろうか？」

そして、「自分が社長になったら、もっと明るい雰囲気で仕事をやれるようにしよう」と、決意をしました。そして、社長就任の日に向け、準備を始めました。

社長の健康のこともあり、入社後6年という予想よりも早くそのときがきました。社長就任後すぐに、それまで考えてきたことを実行に移します。まずは、定期的に会議を開き、社員やスタッフから意見を聴く場をつくりました。コミュニケーションの機会を多くするために、飲み会や旅行などのイベントも行うようにしました。時間があると現場に出ては、スタッフに声をかけて回ります。また、新卒者の採用も始めました。

その甲斐もあり、1年ほどで、会社の雰囲気はよくなってきました。積極的とまではいかないものの、社員から意見が出ます。それに合わるように、業績も徐々に上がってきました。社長就任時が、年商6億円。そして、2年後には、年商7億円ほどになりました。社員も20名、製造スタッフ約40名の60名という規模です。

その当時は、「この調子で、順調に売上を伸ばしていける」と自信を持っていました。しかし、管理者や社員の働き方に疑問を持つようになりました。

社員や現場スタッフから提案が上がってこないのです。業務の課題に気づいたり、改善案を出したりするのは、すべてM社長自身だったのです。

問題が起きたときには、「どうしましょうか」と訊いてきます。M社長は状況を確認し指示を出します。その姿勢は、指示を正しく受けるというものです。

売上の増加とともに、外を回っているM社長に指示を仰ぐ電話の本数も増えてきます。「お客様からの問合わせにどう答えればよいのか」、「在庫がもう無いがどれぐらい発注すればいいですか」。毎日、必ず数件はあります。

御社の社員60名中、何人が頭を使っていますか

ここ数年、年商7億円という規模で、自社が停滞していることを明確に感じるようになりました。M社長は当時を振り返って言います。「自分の会社で何が起こっているか、全くわかりませんでした」。その頃から、M社長は、漠然とした不安を持つようになりました。夜中に突然目が覚め、寝付けなくなることが、月に数回あります。

お客様からの引合いなどは増える傾向にありました。しかし、それを素直に喜ぶことはできません。新しい取引や新商品立上げのときには、必ず大きな問題が起きます。そうなれば、一時自分がその対応に忙殺されることがわかっているからです。

積極的に営業活動を行う気にもなりません。「このままの規模が一番よいのではないのか」とまで考えてしまいます。

そんなタイミングで、セミナーに参加しました。その中で矢田が参加者へ投げかけた言葉に、ショックを受けることになります。「皆さんの会社では、何人が頭を使っていますか。全社員中、誰が、未来に先回りして動いていますか」。

M社長は、資料の端に、社員の顔を浮かべながら名前を書いていきました。そして、「考えている人」をチェックしていきます。その結果は、「自分だけ」でした。意見を言う社員は数名いるものの、「未来に先回りして動いているか」となると、該当者はいません。

社員から自主的に、業務改善のアイデアや気づいた問題を上げてくることはありません。上げてくるのは、問題が起きたときだけです。その問題の原因を訊いても、「わかりません」の答えが返ってきます。そして、解決策の提案もありません。

全員が、ただ毎日淡々と作業をしているだけのように感じます。それに、気づいたのです。社員もスタッフも人としては、すごく真面目でよい方ばかりです。繁忙期や急な対応にも、嫌な顔1つせずに残業をしてくれます。

しかし、それと、考えているかどうかは別の話なのです。この先予測ができる顧客数や案件数の増加を見越して、具体的に動いている人はいません。その結果が、いまの「少し売上が増えると混乱」という状況なのです。

そして、もっとショックなことは、自分自身も、この先を考え行動できてはいなかったことです。今期も売上目標として、昨年対比10％の伸びを掲げています。それを営業担当者も達成しようと頑張ってくれています。

それに対し、経営者である自分が、その実現のための具体的な方針やスケジュールを示せられているわけではありません。社長である自分がそんな状態です。管理者や社員が、先回りして行動できるはずはないのです。

社長になってからのこの10年間で、会社はよい方向に大きく変わってきたと思っていました。しかし、根本的には何も変わっていなかったのです。その当時から今日まで続けてきたのは、「個人」

の力による成長です。

問題が起きたときには、社長がその状況を確認し、指示を出していました。その問題を解決したことで成長したのは「社長」です。

社長の活躍の裏で、社員は活躍する機会も、能力を高める機会もなかったのです。そこに仕事のやりがいを感じられるはずもありません。考える機会も、成長の機会をも奪っていたのは、自分だったのです。

M社長は言われました。「なぜ、若い優秀な社員が辞めていくのかがわかりました」。M社では、絶えず社員を採用していました。しかし、その多くは、仕事を覚えてこれからというタイミングで辞めていきました。それも、優秀な社員ほど、辞めていきます。

彼らは、自分の能力が活かせないこと、この会社では自分を成長させる機会はないと、見切っていったのです。

義理の父が経営している頃と大差ないことに気づきました。先代は、社内のすべてを取り仕切っていました。社員はその指示に黙って従うだけでした。M社長は入社からこの日まで、その状況を変えるために頑張ってきました。会議を開き社員に意見を求めたり、社内での懇親の機会を増やしたりの取り組みをしました。

しかし、実際には、何もさせていなかったのです。考える機会を奪い、当時と変わらず、彼らには作業だけをさせていたのです。

多くの会社が、分業でなく「分断」と「作業の分担」になっている

会社が大きくなるときには、『縦の分業』と『横の分業』を進めることになります。

『縦の分業』は、経営層―管理者層―判断層―作業層の4階層になります。一番上には、経営を専門的に担う経営層がいます。経営層は、事業戦略や各方針を決定します。その下には、各部門の管理を専門にする管理者層がいます。一般的には、部長、課長と呼ばれます。管理者は、その部門の「目標達成の管理」と「仕組みの改善」を中心に担います。

各部門で実務を担うのが、判断層と作業層となります。主任やリーダーと呼ばれる判断層は、日々起きるイレギュラーに対して適切な判断をし現場を切り盛りします。その下で、作業層が日々の生産やサービスの提供などの業務を行います。

『横の分業』をするために、営業部、開発部、製造部、管理部などの部門をつくります。営業部の中は、マーケティング課や法人課など、より小さな専門の課に分けられます。製造部には、製造課、組付課、検査課などがあります。

この縦の分業と横の分業により、組織は、より高い「効率」と「専門性」を得ることができます。その部門や役職者に、似通った業務を集め、専従させることで、物や情報の移動や段取り替えを減らし、効率を高めることができます。また、各階層や各部門に、その業務のスペシャリストとなってもらいます。その役割を担うために、その能力を特化させます。また、その後もその業務の研究

にあたってもらいます。

この分業こそが、組織の力の源泉となります。分業から得られるメリットを最大限に享受することで、その会社は、より安く、楽に、安定して業務をさばけるようになります。また、事業に特色を持たせることができます。その後もスピードを持って進化することが可能になります。

年商数億円から年商10億円に向かう段階で、この分業を進めることになります。量が増えるに伴い、更に部門を細かく割っていきます。その部門に、管理者や判断層を任命していきます。そして、作業層を配属します。各部門の人数も増えていきます。

年商数億という規模では、部門は３つ、４つほどしかありませんでした。営業部、製作部、管理部。そして、各部にしっかりとした管理者がいるわけでもありません。社長と一部の優秀な社員が、複数の部門を兼務しています。

そして、各部門には社員が数名しかいません。その数名も他の部の業務をかけ持っています。その結果、１人が受け持つ業務の範囲は広くなります。そのため効率も専門性も、それほど上がりません。分業のメリットをそれほどは得られていないのです。

売上や案件数が増えるほど、分業を進めることができるようになります。１つの部門にもっと沢山の社員を配属することができます。それにより、いままでの積み上げられた自社のノウハウや仕組みで、より多くの人を動かすことになります。

複数の営業担当者が、売れる商品と売れるノウハウを持って見込客を訪問します。制作部では、効率化されたデータベースと標準化されたマニュアルにより、短時間勤務のスタッフがその業務をこなすことができます。そこでは、安定した品質と速度でサービスが量産されます。

そして、それぞれの部門に、研究を依頼します。マーケティング課には、「見込客を得るためにWEBの活用を検討してほしい」、購買部には「もっと安い仕入ルートを開拓してほしい」とその対象を絞り、渡すことができます。その分、スピードを持って専門性を高めることと、成果を上げることができます。そして、その分野に強い社員を採用します。

規模が大きくなるほど、分業のメリットは大きくなります。前著において、大手企業と中小企業の生産性を比較したデータをご紹介しました。生産性とは、「社員1人が1年間に稼ぐ粗利高」です。その数字は大まかに言えば、大手企業1200万円、中小企業600万円となります。倍ほどの差があります。この差は大きくは2つの要因で生まれます。1つは「事業モデル」、もう1つが「分業」となります。

大手企業は、市場規模があり、大きな金額を見込める事業を行います。強力な1つのサービスを、多くの顧客に提供します。その結果、社員1人が稼ぐ金額（粗利高）は大きくなります。さらに、それを分業することで、効率を飛躍的に高めます。製造現場におけるベルトコンベヤーによる大量生産のイメージです。その結果、大手企業は1200万円という高い生産性を得ています。それだけの生産性があるので、社員に高い給与を払うことができます。

我々も、そこを目指さねばなりません。売上や案件数の増加とともに、この分業を進めることになります。しかし、残念ながらこの分業がうまく機能させられていません。そのため、この分業から得られるはずの旨みを、十分に得られていません。それどころか、機能していない分業のために、生産性が落ちているケースは少なくありません。それらの企業では、２つの問題が起きています。

問題その１　部門間がバラバラ、「分担でなく分断」になっている

部門間のバトンリレーが、上手くいっていません。「お客様の意向が後工程に伝わっていない」、「期限を過ぎていても放置されている」。また、各部門や担当者の判断がバラバラなことが問題になります。「できが悪いものを出荷してしまう」、「お客様からの問合わせに、間違った対応をした」。これらの問題をなくすために、業務フローやマニュアルの整備を進めることになります。仕組みの改善です。

分業により、１つの問題を１つの部門で解決することはできなくなります。「お客様との契約体系の見直し」や、「在庫管理の仕組み」という全社的な問題には、各部門が持つ知恵を集約し、協力して取り組む必要があります。

また、各階層の働きも重要になります。一番現場に精通している作業層と判断層も活発に意見を出し合います。また、管理者層や経営層は、会社全体や長期の視点からその方向性を示します。

部門という横の分業、階層という縦の分業が、力を合わせることで１つの問題が解決します。これこそが会社という組織の強さです。そして、この適切な問題解決のプロセスがあり、会社は強くなります。

そのためには、会社組織は、『統制』が取れている必要があります。統制が取れることで、役割や専門性が異なる者が、1つのチームとして協力することができるのです。

統制が取れないと、組織の本来の力の源である『分業』が、『分断』になります。各部門は他部門の業務に無関心になります。全社的な問題解決に積極性を欠いたり、これ以上自分たちの業務が増えるのを拒んだりしたりする現象が起きます。

階層の分断もひどくなります。作業層は、問題を上げるだけになります。そこに当事者意識はなく、上からの指示を待つ姿勢です。多くの管理者層が一般社員と同じように作業をしています。管理者間に、一致団結して全体の目標達成のために頑張ろうという雰囲気はありません。社内には、上辺だけの帰属意識とコミュニケーションが蔓延しています。

分業を進める過程で、然るべき整備に取り組まないと「分断」を引き起こすことになります。

問題その2　各部門が考えることをしない。「作業の分担」になっている

本来の分業とは、その分野における『考えること』を分担することにあります。共通の事業目的に向けて、各部門や担当者にその分野について考えることを分担しているのです。「より高度な技術を研究して自社に取り入れてほしい」、「製作業務のスピードを上げるために、改善案を出してほしい」。これらを担ってもらうための分業です。

しかし、多くの会社では、『作業』の分担になっています。各部門は、「決まったことをそのとおりに繰り返すこと」が自分たちの仕事という認識になっています。問題が起こったときに、社長と

一部の優秀な社員だけで、対策案を考えています。ひどいと社長自らが、エクセル表のフォーマットをつくっています。また、カタログなどの販促物の作成を、社長が直に外注業者とやり取りしています。その表やカタログを、社員には使わせるだけなのです。

また、自部門の目標に対する達成意欲も薄いのです。期の目標は、未達が常習化しています。社員のほとんどが、自分たちの部門の目標を覚えていません。それを何とかしようという意欲もなければ、知恵を出すこともありません。「売上が少ない」と社長が焦っていても、我関せずの状態です。

年商数億円の社員数名の規模の頃と、全く変わっていません。起こった問題の対策も目標達成のための施策を考えるのも「上」なのです。

2　年商10億円に向けて、絶対に揃えておくべき2つの条件

社員のやりがいと会社の未来が犠牲になっている現状

分業を機能させるためには、そのための準備が必要になります。何も整備せずに分業を進めれば、たちまち混乱になることは目に見えています。

専門性が高いのは、相変わらず社長と一部の優秀な社員だけです。社長が一番沢山売ってきます、社長が一番アイデアを出します、そして、社長が一番のエンジニアです。スピードは早くなるどこ

ろか、かえって遅くなっています。1つひとつに目が届かず、しっかり考えることもできていません。期初に考えた施策も、全く手が付けられていません。

昔からの顧客を社員に引き継げず、社長がまだ抱えていることもあります。それでも、頑張って案件を取りに行けば、社長の日々は、案件対応とトラブル処理に追い回されることになります。

生産性は低いままです。社員が増えても、生産性が増えていないという「異常」事態になります。社員数名でやっていた頃のほうが儲かっていたぐらいです。

そして、そのときに大変な状況にあるのは、社長や一部の優秀な社員だけではありません。それと同時に、多くの犠牲も生まれています。それは、『社員のやりがい』と『会社の未来』です。

社員は、「もっとお客様の役に立ち、お客様に喜んでいただきたい」と思っています。また、「自分の能力を高めたい」、「職場の一員として必要とされていることを実感したい」、「チームとして団結して大きなことを成し遂げたい」とも願っています。優秀な人ほどこの欲求を強く持ちます。

しかし、現状は、お客様の役に立てているという実感は得られていません。お客様からお叱りを受けることも少なくありません。自分の能力を十分に活かせてもいなければ、専門性を高めるだけの機会も見つけられずにいます。職場にも貢献できていないと感じます。部門間の関係もチームというよりは事務的な関係であり、会社への帰属意識は実はありません。

その結果、若く優秀な社員が会社を去っていきます。家庭や住宅ローンを抱える社員は、そのまま留まることを選択します。淡々と作業をこなす日々を送っていると、考えるという能力を弱めていくことになります。

スピードの遅い会社は、絶対に儲からない

そして、『会社の未来』も犠牲になっています。そのサービスは、もっと多くの人に喜んで使ってもらえるだけのポテンシャルを持っています。さらに修正を加えれば、爆発的に広がる可能性があります。

しかし、それができない状態になっています。その事業の可能性を計るためのホームページの完成が遅れています。そのため、広告を打てずにいます。その広告を見て購入を検討するはずの見込客にアプローチができていません。いつ売り出せるかわからないために、サービス本体の改良にも熱が入りません。

実行が遅いために、結果がいつまでも確認できない状況になります。その結果が得られない状況に一番困るのは社長です。結果がよくも悪くもわかれば、何かしらの次の指示を出すことができます。修正の依頼をすることで、次に進むことができます。反応が悪ければ、撤退の判断をして、次の施策に向かうことができます。「実行されないために結果が確認できない」という一番困る状況になっています。

事業とはスピードの勝負とも言えます。早い会社では、１つのホームページの作成を2か月で終えます。加えて、広告を打ってその反応を見て、修正を終えるまでに2か月間です。それに対し遅

い会社では、ホームページの作成に6か月を要します。そして、広告の手配にも修正にも、時間がかかります。また6か月がかかります。

同じことをやるのに、早い会社は4か月、遅い会社では12か月という差があります。早くできた分だけ事業の展開が早くなります。見込み客にいち早くアプローチできます。そして、早く改良のサイクルを回すことで、改良の回数を増やすことができます。1年間で3回、5年間で15回改良ができます。その回数の分だけ、質を高めることができるのです。

また、サービスの量産の仕組みも見直しされ、効率も高くなります。より安く、楽に、正確になっていきます。

それに対し、遅い会社は、スピードで他社に負けることになります。市場に投入した時点で、ライバルがそこにいます。すでに他社のサービスを使用している人たちが、何割かは存在します。修正も年1回と少なくなり、販促物の精度も生産体制の改善も進みません。

そして、仕組みの見直しの回数が少ない分、コストは下がらず、作業性も正確さも高まらないままになります。

早く取り組むほど、1つの改善から大きく受益することができます。取り組むのが遅くなるほど、その益も少なくなります。見直しをしない間は、損金を垂れ流しているとも言えます。

早い会社も遅い会社も、その期間には、同じ固定費がかかっています。どちらの会社も人件費や設備費などの経費は出ていきます。

ビジネスにおける２種類の勝ち方

早い会社は、市場に対し、次から次へと手を打ってきます。シェアの向上とともに、価格の支配権を取っていきます。一方で効率化を進め、経費を下げていきます。量の分だけ、その効果は大きくなります。その結果、大きく儲かることになります。

そこで得た利益を、更に投資していきます。広告費を倍増しシェアを拡大します。サービスの改良や新メニューの開発を行います。システムを導入し、もっと効率化と省人化を進めます。１人当たりの生産性も高いので給与水準も高く設定できます。その結果、優秀な人も集まってきます。よい循環を更によくしていきます。

遅い会社は、市場に打つ手が他社より遅くなります。当然、シェアも高まりません、それどころか奪われていきます。それをひっくり返すために、安易に安売りに走ります。効率化の進みも遅く、経費が「余計に」かかっています。その結果、儲けも少なくなります。利益が少ないので、次のサービス開発やシステムへの投資は控えざるを得ません。給与を上げることができないために、社員の採用では、質でも量でも困ることになります。

その会社のスピードこそが、強さのバロメーターとなります。ひと月でやれることの多さが、会社の未来を決めているのです。早さを得ることで、強いビジネスが展開でき、大きく儲けられる可能性は、各段に高められます。スピードの早い会社は、好循環にのり、未来をどんどんつくり変えていきます。
スピードの遅い会社は、絶対に市場で勝つことはできません。そして、絶対に儲からないのです。そして、スピードの遅さが、サービスや業務のすべての質を下げていきます。質を高めるための優秀な人も採用できません。完全に悪循環です。いまのスピードの遅さが会社を弱くしています。それは、将来に向けての負の遺産ともいえるものになります。

市場では、2つの勝ち方があります。1つは、『事業モデルによる勝ち方』です。事業の領域を絞り、そこに自社の特色あるサービスを構築します。それにより、他社との差別化を測ります。

もう1つは、『スピードによる勝ち方』です。同じレベルのサービスでも、いち早く商品化し、拡げることで差をつけることができます。そのようなサービスをまだ使っていない人に、一番にアプローチします。そして、顧客の囲い込みを行います。後発の企業が、それをひっくり返すのは容易ではありません。

1つ目の事業モデルを考えることこそが、社長の役目となります。勝てる事業モデルの発見には、それだけ時間がかかることになります。経営者のセンスや嗅覚が大きく影響してきます。

2つ目のスピードについては、科学性があります。必要な要素は明確であり、正しいものを導入し、正しく運用すれば、そのとおりに機能してくれるというものです。

ここまでご説明したとおり、スピードについては、あって困ることはありません。逆に、なくて困ることは多大にあります。何としてもスピードは、獲得したいところです。

世の中には、事業の特色や戦略ではなく、スピードで勝ち残っている会社は非常に多くあります。逆に、事業にすごい特色や戦略があっても、スピードがないために、消えていく会社もあります。そして、素晴らしい事業モデルをつくり展開を始めたものの、スピードのある会社に真似をされて負けたという実際の事例も少なくありません。

仕組みにより、スピードは確実に獲得できる

早い会社はすべてが早く、遅い会社はすべてが遅い、という傾向があります。

早い会社は、どこの部門も、どの担当も、共通してスピードがあります。会社で決めたルールなどが、すぐに定着します。書類提出の期日の設定も、数日中と短いことが通常です。そして、その期日には全部門から提出がされます。会議も時間通りに始まり、時間通りに終わります。改善したことは、すぐに展開され、効果を発揮します。会社の至る所で「早い」のです。

それに対し、遅い会社では、決めたことがなかなか定着しません。ある部門は守っているが、ある部門は守っていないという状況です。書類作成を依頼すると、「２週間後」や「来月までに」と期日を長く設定した返事がきます。そして、その日になっても忘れ去られていることが少なくありません。会議は遅れて始まり、緊張感がなくだらだら長いのです。会社のすべてのところで「遅い」のです。

この早い、遅いというスピードは、会社の仕組みのできによって決定づけされます。早いとは、

会社の仕組みがそのようにできているからであり、そこには再現性があります。

その仕組みにより、早い成長のサイクルを回しています。管理者や社員が入れ替わっても、その早さは残ります。その会社に入ると、並みの社員は、その仕組みに引っ張られ、「早く」に染まっていきます。優秀な社員は、より力を発揮することになります。

逆に、遅い会社には、その仕組みが存在しません。仕組みがないから、遅いままと言えます。そのような会社は、早いか遅いかの差を、人の能力ややる気の問題だと考えます。能力の高い人がいる部門だけが早く、その人がいなくなると元の遅い状態に戻ります。

原因は、管理者や社員にあると考えているため、人格教育やマネジメント研修などの取り組みを増やします。または、叱咤激励して動かそうとしています。当然、その効果はなく、いままで通り社長や一部の優秀な社員が、「個人」の力で引っ張ることになります。いちいち「あれどうなっている」と訊かないと進まない状態が続きます。

1つの部門の管理者が優秀で早かったとしても、会社全体のスピードが早くなることはありません。分業しているために、一番遅い部門に全体の歩みを合わせることになります。各部門に書類の提出を依頼しても、必ず提出期限を守らない部門があります。期限を守っている部門が馬鹿を見ることになります。

会社の早い遅いというスピードは、仕組みの問題なのです。再現性のあるスピードこそ、会社の一番の資産になります。絶対に人に向かってはいけません。属人的なスピードはいらないのです。

会社を成長させるため、事業で勝つためには、各部門が成長のサイクルを回す仕組みが必要になります。それもスピードあるサイクルを回すための仕組みです。それがあるからこそ、すごいスピードで増える顧客数、案件数、スタッフ数という量に合わせ、仕組みをつくり直し続けることができるのです。その後も成長を続けることができるのです。

『組織の成長サイクルの仕組み』ができたときに、本当の意味で、「社長は現場を離れる」ことができます。そして、スピードを得られたときに、大きく「儲ける」ことができるのです。

社長は、本来の仕事に、より多くの時間を費やせるようになります。市場の変化、新しいサービスの開発、新しい方針の獲得ために、外に出ることができます。その瞬間も、会社は成長を続けています。

M社長の言葉：何の仕組みができたかが、その期の成果

食品メーカーM社は、まさに個人の能力、個人の意欲による「個人による成長」でここまで来ました。また、「個人によるスピード」だったのです。

それが、この規模でいよいよ限界を迎えました。この先に進むためには、「組織の力による成長」、「仕組みによるスピード」が必要になります。M社長が持った「漠然とした不安」は、間違っていなかったのです。

先日、当社主催の特別イベントでM社長にご登壇いただきました。その際に、言われました。「期

末の決算書を見て、売上がどうだとか、内部留保がどうだとかで、一喜一憂することはなくなりました。最近は、今期は何の仕組みができあがったのかで、その期の成果を測るようにしています」。

あの冬の晴れた日から、3年が経過しています。年商は、9億円を超えています。

M社長は、週1日だけ事務所におり、他の日はお客様や視察などで、外を回っています。その間も、社員が仕組みの改善を積み上げています。ほとんど会社から電話はありません。趣味のテニスを再開したこともあり、夜はぐっすり眠られるようになりました。

第2章以降に、このM社の変革の事例を中心に、組織と成長サイクルの仕組みのつくり方をご説明します。

最速の成長サイクル構築の4つのステップ

年商10億円に進むために、社長が取り組まなければならないものは、大きく2つになります。

1つは『組織を機能させる』こと。年商10億円では、沢山の人の協力が必要になります。また、その人たちの持つ専門性も高くなります。雇用体系も、正社員から短時間労働者、派遣スタッフ、嘱託社員など、多岐にわたることになります。また、取引業者も多くなります。

その人たちに社長が描くものの実現のために参加してもらい、組織として一致団結してもらう必要があります。分業として各部門が受持ちの役割を果たしつつも、1つの組織として統制が取れている状態をつくります。

そして、もう1つが『成長サイクルを支える仕組みづくり』です。大きくなる過程で、仕組みづくりが間に合わず問題が勃発します。また、規模とともに、労務や税務、情報管理などの社会的な責任も大きくなります。その仕組みをどんどんつくり変える必要があります。それも、他社に勝つだけのスピードが必要になります。成長サイクルが仕組みで回されることで、会社はその後も成長を続けることができます。

次が、組織と成長サイクルづくりの４つのステップとなります。本書では、このステップを順にご説明していきます。

ステップ１　組織づくり：集団を組織に変える

人を沢山集めた状態を集団と言います。まずは、その集団を、組織に変える必要があります。それにより、分業と統制の機能が生まれます。第３章でこの組織づくりの第一歩をご説明します。

ステップ２　部門の機能：自発的に課題を見つけ、考え提案する部門に変革

部門と管理者には、本来の役割である「目標の達成」と「仕組みの改善」を、担ってもらいます。また、同時に部門間が協力する状態をつくります。第４章でそのポイントをご説明します。

ステップ３　実行のサイクル：各担当者が、目標達成のために邁進する状態をつくる

各部門や担当者に依頼した目標が、確実に実現されるための仕組みをつくります。また、合わせて、スピードを実現するための要所を抑えておく必要があります。第５章、第６章で具体的にご説明します。

ステップ4　組織崩壊の回避：組織が腐らないようにする社長の役目

組織は、組織であるゆえの問題を抱えることになります。それが、ある規模を超えた会社を蝕むことになります。その対策と発展を続けるための社長の動きを、第7章でご説明します。

まとめ

・年商数億円規模までは「個人による成長」。この先に進むためには「組織による成長」が必要。
・年商数億円と年商10億円の違いは「量」。量が増えるときに、すべての仕組みがダメになる。
・増える量に対抗して、各部門がスピードを持って仕組みをつくり直す必要がある。それができないと、至る所で問題が起きる。停滞、または、元の規模に戻ることになる。
・社員の中で、「何人が考えて行動しているか」がその会社の強さ。
・経営層―管理者層―判断層―作業層という縦の分業と、営業部や開発部という横の分業を機能させる必要がある。それにより効率と専門性を飛躍的に高めることができる。
・ビジネスでは、「事業モデル」と「スピード」での勝ち方がある。「スピード」は、仕組みをつくれば確実に得られる。まずは、スピードを獲得すること。
・年商10億円に向かうためには、『組織を機能させること』と『成長サイクルを支える仕組み』を構築する必要がある。

第2章　会社は、社長の考え方でできている

会社は、運動体であり、共同体である

企業とは、「運動体」であり、「共同体」であると言えます。会社は、何かしらの事業を行います。その事業では、誰かの欲求や課題を、何かしらのサービスを提供することで、「喜び」「快適さ」「解放」という価値を提供しています。

その対価として売上を得ています。その事業の恩恵を受ける人が多いほど、売上は増えていきます。そのサービスを効率よく提供するほど、儲けは多くなります。そして、より多くの社員を雇うことができます。

そのサービスを利用することによって、その誰かは使う前と後で状態が変わったと言えます。疲れて喫茶店に入り、出るときには少し癒されています。その業務システムを使うことで、入力作業の手間が減り、1人当たりの生産性を高めることができます。1つのサービスがその人やその会社に影響を与えたのです。それは、社会をよい方向に変えたことを意味します。

事業とは、自社の素晴らしいサービスをより多くの人に使ってもらい、世の中を変えるという「運動」なのです。

自社のサービスが多くの人の役に立っていることは、社員にとっても非常に喜ばしいことです。自分たちが、世の中に存在する価値を実感できます。自分たちを誇りに思えます。

その追求の過程で、社員は成長することができます。そして、自分たちの糧を得ることになりま

す。自分の家族を養うことができます。

会社という場で、自分たちの生活をよくするために、「共同」をしているのです。「運動」が広がり、その効率が高まるほど、１人の取り分は増えることになります。

１つの会社に参加することで、やり甲斐と生きる基盤を得ているのです。本来赤の他人同士が、１つの会社で出会い、世の中をよくするため、そして、人生を切り開いていくために、力を合わせるのです。これは、非常にドラマチックなことと言えます。

大きい会社はよい会社。世の中の大手志向は満更間違いではない

素晴らしいサービスが広がり、その会社が大きくなっていくことは、社会にとっても、社員にとっても、非常に喜ばしいことです。そこから得た利益を宣伝広告や設備や人材の獲得に投資します。更に、その「運動」は広がり、「共同体」は強靭になっていきます。

社員は自分が所属する会社に、信頼と安心を持てます。また、自分の会社がさらに大きくなっていくのは、喜びであり、幸せなことと言えます。

会社にとって「規模が大きくなっている」とは、よいサービスを提供していること、そして、それを実行するだけの能力があることの証明となります。

求職者や学生の大手志向を批判する人がいますが、それは満更間違ってはいません。これまでの立派な貢献と能力があったからこその規模と言えます。その会社の年商や社員数という規模は、十

分な目安にはなります。

我々の会社も、そのようになっていく必要があります。世の中をよりよくするサービスを生み出し、もっと拡げていきます。そして、しっかり稼いで、その分をさらに投資します。より多くの優秀な社員を雇います。

サービスがよくなければ、世の中から必要とされることはありません。その状態は、世の中にとっても、社員にとっても、全く面白くない状態です。儲からないために、大きな投資もできません。絶えず自社より、大きな会社に狙われることになります。その状態に、社員は自分の生活や将来に不安を持つようになります。

我々は、すごいと言われるサービスを展開する必要があります。また、それをより大きく展開することのできる会社になる必要があります。我々が目指すのは、すごくて、大きい会社となります。

今の自社には、まだそれはないかもしれません。しかし、それを実現する過程に社員を参加させることはできます。

我々は、そのための構想を社員と共有をしていきます。そして、1つひとつその実現のための行動をしていきます。そこにこそ社員の安心もやる気も生まれます。

彼らも、それを求めています。彼らも、この壮大な運動に貢献したいと思っています。また、自分の生活をよりよくしたいとも思っています。家族に少しは贅沢をさせてやりたいとも願っています。

彼らを、パートナーとして認めることが必要です。すごい事業、大きい会社の実現のためにその力を借りるのです。

儲かる事業の構造は、必ず４階層

事業の構造は、事業定義―戦略―方針―仕組みの4階層になります。

「どのような顧客に対し、自社の特色あるサービスを提供し、何を実現してさしあげるか」という事業定義が最初にあります。この事業定義のことを、事業モデルや市場という言葉でも表現できます。

そして、その事業をどう展開するのかという戦略があります。「どのような分野からシェアを獲りにいくのか」、「どのようなターゲット層から拡げるのか」など、大局的かつ長期的に優先順位を明確にします。

その戦略の下には、多くの方針が存在することになります。取扱商品に関する方針、値付けに関する方針、在庫に関する方針、人的資源調達の方針など、すべての事柄について方針があります。

そして、その方針を実現するために仕組みが存在します。その仕組みに則って、多くの人や外注業者や設備が、生産活動に従事することになります。

事業は、この4階層によって構成されます。この事業構造をつくり運用することで、狙った顧客に設計どおりのサービスを提供することができます。

この事業構造の実現を担うものが、組織になります。組織は、1つの事業を営むために、分業を機能させることになります。「事業定義と戦略と方針づくり」こそが、縦の分業の中の経営層の主な役目となります。

そして、「各方針を仕組化すること」と「その仕組みを管理運営し、実際に成果を出すこと」が各部門の役目となります。その中心となるのが、部長や課長という管理者層です。実際にその仕組みを動かし、現場を切り盛りするのが、判断層と作業層になります。

この全体の構造ができているからこそ、よいサービスが量産できます。そして、組織が適正に機能しているからこそ、その仕組みを進化させ続けることができるのです。この事業をよくし続けることこそが、組織の役目となります。

組織が、適性に機能するためにはこの4階層が存在し、繋がっている必要があります。「どのような事業を行うのか明確である」。そして、「その展開のための戦略があること」。そして、「各施策の方針が示されること」。そのうえで、「その実現のための仕組みが機能すること」。どれかが欠けても、事業を展開することはできません。

組織が、適性に機能するためには、特に事業定義から方針までが重要になります。この事業定義、戦略、方針という『考え方』の実現のために組織は存在します。これらの『考え方』が示されることで、組織の機能が発揮されるのです。各部門や担当者はその実現のために考え行動することができます。また、連携をすることもできます。

組織を動かすために最も重要なものとは

組織を組織として機能させるためには、会社としての『考え方』をしっかり共有する必要があります。それにより、各部門は、活動の方向性を得ることができ、自分たちの役割を正しく理解することができます。また、根本となる共通の『考え方』があるからこそ、役割が異なる各部門が、一致団結することができます。

『考え方』を共有するためには、努力が必要になります。『考え方』というだけあって、それは目では見ることはできません。そのままでは、他の人と共有することはできないのです。

『考え方』ゆえに、文字で表現することになります。文字にすることで、初めて『考え方』すなわち『意思』を正しく伝えることができます。そして、それを大人数と共有することができます。

文字という形で見せたうえで、対面で説明をします。文字だけでは、そこに込める意図や強弱までは伝えられません。双方向のコミュニケーションにより、認識合わせをします。文字と対面により、初めて『考え方』の共有に至るのです。

考え方とは、過去の経験から積みあがった信念であり、価値観と言えます。また、未来に向けた方向性であり、狙いであると言えます。その過去と未来が交錯した瞬間が『今』となります。

『考え方』こそが、会社なのです。目に見えないところに、会社の実態は存在しています。社屋、設備、机、そこで動く社員、それらの目で見える部分は、会社の極一部でしかありません。

社屋や設備や机などすべては、何かしらの意味がありそこに存在しています。そこで動く社員たちは何かしらの方向性を持って動いています。

会社概要や登記簿をみれば、資本金や役員名、沿革などを知ることはできます。しかし、その情報からは、創業時の苦労や社屋建設に至る決断など、当時の事情を読み解くことはできません。そこには、多くの人の生きた軌跡や想いがあります。そして、この瞬間も『考え方』に従い、1年後、3年後に向けてすべてをつくり変えていっているのです。

会社の事業定義や戦略や方針の変更に伴い、仕組みが変わり、サービスが変わっていきます。その変化のために組織があります。その実現のために社員に協力を依頼しているのです。社員は、その会社の『考え方』に納得し、共感しているからこそ力を発揮してくれます。

登記上は会社でも、会社じゃない会社が多すぎる！

会社の『考え方』のできが悪いときには、やはり好ましくない状況になります。事業定義が見当違いであれば、売上は減ることになります。戦略で遅れれば、他社に先を越されることになります。方針を間違えたときには「売れば売るほど損をする」や「在庫が山積もり」という状況になります。

また、方針を共有できていないときに、多くの問題を抱えることになります。部門間の連携が上手くいきません。管理者が間違った判断で指示を出しています。社員は、創造性を働かせたり、自主性を発揮したりすることができません。また、その業務を何のためにやっているかがわからないために、やる気も起きません。

会社とは、『考え方』でできています。「自社はどのような特色あるサービスを提供していくのか」、「どのようにシェアをとっていくのか」、「何を重点商品とするのか」、「在庫は、何を、どれぐらい持つのか」。ここにこそ会社はあり、ここにこそ会社のノウハウや特色があるのです。この実現のための会社なのです。

しかし、残念ながら、世の中の多くの会社は、登記上は会社でも、実際には会社ではありません。『考え方』の共有ができていないために、会社でもなければ、組織としての機能を発揮することもできていないのです。ただ、その場その時を共有しているだけになっています。

いままで社長が考えたことが、現実化した結果が『今』の状態といえます。いま存在する事業も、それを支える仕組みも、職場の約束事も、いままでの社長の考え方が具現化したものです。または、流れに任せた結果なのです。そして、この先の『未来』の事業も仕組みも、社長の考え方が現実化することになります。

この先の、自社の事業定義―戦略―方針を考え、決定することが社長の役目になります。「新たな事業の特色をどこに築いていくのか」、「人口が減少する商圏の中で、誰を重点顧客とするのか」、「材料の高騰に対し価格政策はどうあるべきか」、「老朽化する設備の入替えはいつ頃するのか」。すべてを社長が、決めなければなりません。

管理者や社員に意見を求めることはできます。しかし、最終的には、1人によって意思決定がされます。『考え方』ゆえに、その人の生きざまや信念、価値観が強く反映します。大きな会社も小さな会社も、それは変わりません。ただ1人の『考え方』が、会社の『考え方』になります。

そして、その『考え方』を組織全体に行き渡らせます。管理者や社員に、その実現の協力を依頼します。採用の際にも、『考え方』を説明し、賛同する人だけに来てもらいます。銀行に対してもその『考え方』を担保に、借入を起こします。

よい未来を実現するために、全員が同じ『考え方』を持って、行動することになります。資源の限られた小さい会社だからこそ、一致団結する必要があります。熟考し選ばれた的に向かい、同じ価値観を判断軸にして、スピードを持って動くのです。

しかし、残念ながら、多くの社長は、自分の『考え方』を示していません。また、上手に伝えられていません。そのため、組織を動かすどころか、つくることでさえもできていません。社員はその能力を十分に発揮できずにいます。その結果、事業の成長も展開も遅くなっています。

考え方を明確にすることは、恐いことでもあります。社長が出した『考え方』で、すべてが決まってきます。事業が儲かるのか、会社が繁栄するのかが決まります。

そして、社員の生活のレベルも決まります。その責任の大きさに臆して、何も示さなければ、やはり平凡な会社で終わることになります。「運動体」としても、「共同体」としても、弱く、そして、小さい存在のままとなります。

社長は、事業を構成する事業定義—戦略—方針を決定し、文字にする役目があります。そして、それを使って彼らにその実現の協力を依頼するのです。それにより組織をつくることができます。社員のやる気と行動を生むことになります。この先の事業も会社も、素晴らしいものに変えることができます。

M社：社員から課題が上がってこない本当の理由

第1回目のコンサルティングで、この事業と組織の本質をご説明させていただきました。テーブルの上には、M社の代表的な商品が数点置いてあります。M社長が私に説明するために準備をしていたものです。M社長、言葉を出します。

「矢田先生、社員が問題に気づけない理由は、方針を示していないからでしょうか」。

課題一覧表の中の1つに、「社員から課題が上がってこない。考えていない」というものがあります。また、「自分たちで判断できない。いちいち指示を仰ぐ」ともあります。

M社長が現場を回ると、指摘することがいくつも浮かんできます。「どうしてこんなやり方を続けているのか。やっていて疑問は浮かばないのか」と思えることが何度もあります。会議の場でアイデアを求めても何も出てきません。営業担当が、お客様からの問合わせに対し「社長どうしましょうか」と指示を仰いできます。自分の考えを述べることもありません。

この「気づけない」、「考えられない」のは、個々の能力や経験の問題もあるものの、大きくは方針を示せていないからではないか、と考えたのです。

「生産ラインはどうあるべきか」、「在庫がどれぐらいになったら発注するのか」、という考え方を示せているわけではありません。営業において、「どんな顧客を開拓したいのか」、「どの商品を重点にしていくのか」という方針も出していません。理想とするべきものがわからなければ、課題に気づくことも、自分たちで案をつくることもできないのです。

そんな社員に対し、M社長は、「考えられない」と評価を下していました。言葉には出さないものの、社長のいら立ちを、社員も察することができたはずです。M社長、「彼らには申し訳ないことをした。自分が原因だったのですね」と言われました。

会社が変わるということは、社長の考え方が変わること

会社を大きくするためには、新たな『考え方』を獲得する必要があります。いま現在の年商3億円という規模の会社は、年商3億円に見合った『考え方』をしています。その結果として、その規模で「安定」していると言えます。

これを年商10億円にしたいのであれば、年商10億円に見合った『考え方』に置き換える必要があります。年商10億円に見合う事業定義や戦略が必要です。また、単価や集客方法、業務の流れ、在庫量、外注の活用など、すべての方針を変える必要があります。

その変わった方針に合わせ、仕組みを再構築していきます。年商5億円のためには、年商5億円なりの方針を示し仕組みをつくっていきます。年商7億円を目指すなら、その規模にあった方針と

仕組みが必要になります。新たな考え方を獲得し、方針として示し、仕組化する。その繰り返しにより、事業を大きくすることができます。年商も10億円を超えることができます。

このサイクルの中心であり、変化の起点こそが、社長となります。「年商数億円の経営の延長に、年商10億円はない」ということを私は、常々お伝えさせていただいております。年商数億円と年商10億円では、全くその経営の仕方が違うのです。正確には、そこにある経営の視点、考え方が違うということです。

社長は、年商10億円に見合った考え方の獲得のために動く必要があります。早く事業を大きくしたいのであれば、スピードを持って考え方を変えていく必要があります。

事業が変化する前には、必ず社長の考え方の変化があります。社長の考え方の成長なしに、事業の発展はあり得ないのです。考え方の成長が伴っていない拡大は、すぐに元に戻ることになります。また、その獲得が遅れた分だけ、足踏みすることになります。

そのため、社長は、読書やセミナーや視察会などに参加することになります。いまの年商数億円の自社内には、年商10億円への考え方は落ちていません。参加する勉強会も付き合う経営者仲間も、狙うステージに合わせ変える必要があります。

考え方ゆえに、正解があるわけではありません。自分の志や価値観や信念から、答えを出さなければなりません。そして、多くを捨てる必要があります。会社の未来は、社長の選択であり、社長の決断により決まってくるのです。

ヒット商品で年商9億8000万円まで行ったが、急降下

私は、M社長に、「年商何億円にしたいですか?」と質問しました。少し間を置き、M社長は、「何としても年商10億円を超えたいです」と答えられました。

M社はこのとき、年商7億円でした。そんなM社も、過去に年商9億8000万円まで行ったことがあったのです。

社長に就任し数年のときに、M社長は新商品を生み出しました。健康的な食品ということもあり、テレビの取材が来ました。沢山の問合わせがあり、注文のファックスが日に日に増えていきます。2年後には年商は9億円を超えるまでになっていました。

その当時はまだ、周囲の目は非常に厳しいものがありました。古参の社員たちが、「娘の旦那だから社長になった」と言うことを陰で言っています。そして古い業界だけに、取引先からも「お手並み拝見」と値踏みをされていました。

この商品により、彼らを見返すことができます。業績の向上と共にそんな声が小さくなっていくのを感じることができました。

しかし、それは長くは続きませんでした。大手企業が、その商品の真似をし、販売を開始したのです。大資本に任せ、大々的にテレビコマーシャルを打ってきます。注文のファックスは、みるみる減っていきました。

そして年商は元の6億円に戻ったのです。鳴りを潜めていた古参の社員や取引先の「ほら見ろ」という声が聞こえてきます。

救いだったのが、その商品の製造には、大きな設備投資が必要なかったことです。増産のために採用したスタッフさんには、頭を下げて退社していただくことになりました。その当時はまだ、地域の景気がよかったこともあり、大きな問題になることはありませんでした。

しかし、M社長には、そのときの悔しさと申し訳ないという想いが、残っていました。そのような経緯があっての「何としても年商10億円を超えたい」という言葉です。

そしてM社長は言われました。「経営者や組織が成長した結果の年商ではありません。だから元に戻って当たり前だったのです」。

それから数年、同じような年商で推移しています。根本的に変える必要があることをM社長は、よくわかっていたのです。

まとめ

・社員にとって、会社は、「自社のよいサービスを広める」という運動体であり、「安定して糧を得る」という共同体である。すごい事業、大きい会社を目指す。
・事業の構造は、事業定義―戦略―方針―仕組みの４階層である。この全体構造が適正であり、機能しているからこそ、よいサービスを量産し、儲けることができる。

・この全体をつくり変えるために組織がある。社長の役目は、事業定義―戦略―方針の決定である。管理者の役目は、方針の実現のための「仕組化」と「その仕組みの管理運営」である。
・会社は、社長の考え方でできている。事業の目的、価値観、方針など、すべてが目で見えないものである。そのため、文字と対面による共有が必要となる。
・資源の限られた小さな会社だからこそ、同じ考え方を持ち、一致団結して動く必要がある。
・社長の考え方が成長することでしか、事業も会社も発展することはない。社長は、年商10億円に相応しい考え方を獲得するために動くこと。

第3章

どんどん仕組みをよくしていく、組織づくりの第一歩

1　5年後に年商10億円を超えるための準備

年商10億円ビジネスのための3つの条件

年商数億円の会社が、年商10億円を目指すのであれば、その多くをつくり変える必要があります。前章でお話したように、年商数億円は、年商数億円の条件を満たしているからこそ、その規模で「安定」をしているのです。年商10億円に進むためには、次の3つの変革が、必要となります。

変革1　年商10億円を売る事業モデル

年商数億円の事業モデルは、職人型の企画提案や技術力、柔軟な対応を売りにしています。そのため、社長と優秀な社員しかできないという状態になります。そして、その質の高いサービスに対し単価が低いため、忙しいわりには儲かっていないという状況に陥ります。

「大きくなる可能性のある市場を選ぶ」、「クリエイティヴを下げる」、「手間に見合った単価にアップ」などの条件を満たす年商10億円以上に育つ事業モデルへの変革が必要です。

変革2　年商10億円をさばく分業

仕組みと呼ばれるものは少なく、属人的な業務の仕方をしています。仕事に人がつくのではなく、人に仕事がついている状態です。そのため、人が辞めると、混乱することになります。それがそのまま会社のノウハウや顧客情報の喪失に繋がります。仕組みがないために、採用した社員の戦力化に時間がかかります。そして、育った頃に退職の繰り返しです。仕組みに向かわず「社員教育」に向かうと、いよいよ抜け出せなくなります。

分業を進めると同時に、部門間のバトンリレーの設計と業務の標準化に取り組みます。

変革3　年商10億円、20億円に育つ成長組織

今までは社長以下、横並びの文鎮型組織でした。管理者を任命しても、名ばかりの管理者で機能せず、実質は他のスタッフと同じように作業に埋没しています。問題が起こっても、相変わらず考えるのは、社長と一部の優秀な社員だけという状態です。

組織としての機能、すなわち、分業と統制を機能させる必要があります。各部門では、管理者を中心として目標達成のために邁進しています。方針の実現や問題の再発防止のために仕組化に取り組んでいます。成長サイクルにより、改善が積みあがっていきます。

組織をつくることで、年商20億円、30億円とその後も成長を続けることができます。本書では、この組織と成長サイクルのつくり方について解説しています。

年商10億円ビジネスのこの3つの条件が揃ったときには、驚くほど早く、事業を拡大することができます。年商10億円の事業モデルの獲得だけでも、売上は急激に増えることになります。しかし、その拡大に内部でさばく仕組みが伴っていないと、不良やクレームを大量に発生させることになります。そして、組織ができていないと、各部門がタイムリーに仕組みをつくり変えることができま

せん。また、先を見越した取り組みがされないために、すべてが後手になります。

その結果、年商は元の規模に戻ることになります。または、その身の丈に合っていない売上を維持するために、社長と一部の優秀な社員が、毎日作業漬けの日々を送ることになります。その状態を何年も続けている会社は少なくありません。当然、仕組みや組織をしっかり整備しても、事業モデルが悪ければ、期待したほどの拡大はできません。沢山の売上は、多くの人の願望を満たした結果であり、それなしには企業の発展はありえないのです。

事業モデル、こなす仕組み、成長組織、このすべてを繋げてつくっていく必要があります。1つの事業モデルを回すためには、その事業のための機能的な仕組みが必要になります。そして、その仕組みをどんどん成長させる組織が必要になるのです。

これらがつくれないために多くの会社が年商数億円、社員十数名という規模で停滞をしています。この事業モデルと仕組みのつくり方については、前著「社長が3か月不在でも、仕組みで稼ぐ、年商10億円ビジネスのつくり方」で詳しく説明をしております。

スピードをもって仕組みをつくり変えるために、組織がある

仕組みとは「その瞬間に最適化されたもの」と言えます。それに対し、組織とは「その仕組みをある方向に変化させるもの」と定義できます。

今の年商数億円の規模を維持するだけなら、実は組織の必要性は高くはありません。お客様の要

望や仕入状況の変化などのイレギュラーには、社長１人で十分対応が可能です。その時々に自分の目で状況を確認し、指示を出せば事足ります。拡大を目指した取り組みが少ないために、問題の発生も少なくなります。社員への負担が小さい分、人の入れ替わりも抑えられるために、仕組みの整備の必要性も低くなります。

しかし、年商10億円を目指すのであれば、全くそれでは間に合わなくなります。増える量に合わせ、また、変化するお客様の要望や環境に合わせ、仕組みをつくり変えていく必要があります。

事業とは、人と異なることをするから儲かるのです。時代がどう変化するのか、それを読み、先回りすることが必要になります。また、競合他社に打ち勝つためには、それ以上のスピードが必要になるのです。

そのスピードの程度は、社長がどれぐらいを望むのかに寄ります。現在年商が３億円であり、５年後に10億円行きたいのであれば、それだけのスピードが必要になります。これは、毎年35％の伸びを意味します。

３億円が、翌期に４億円です。その翌期が５・４億円。そして、７・３億円、９・９億円になる計算です。そのときには、顧客数、案件数、物量、データの量、取引先、すべてが急激に増えます。そのたびに、仕組み、そして、分業を再度組み立て直すことが必要になります。

人数で見るともっとわかります。年商３億円で粗利率50％の事業を15名でやっているとします。翌期には20名、27名、37名、50名となります。実際には生産性が上がるため比例して人数が増えていくことはありませんが、拡大に先駆けて人数を増やすとこれぐらいの数字にはなっていきます。

よく「5年後に年商10億円」のような目標を掲げる社長がいます。これだけの年商の伸びを数字でみると、そのすごさがわかります。

年商3億円のときの仕組みは、年商5億円ですべて使い物にならなくなります。集客のサイクルの回数を増やしていきます。新たな集客方法も開発します。データを処理するためのシステムの入替えが必要になります。取引先や代行業者の活用も進めます。現場のスタッフ数も拠点も増えていきます。それに合わせ部門を増やします。

そして、できあがりつつある年商5億円のための仕組みは、年商7億円を手前に問題を起こし始めます。再度、仕組みをつくり直す必要があるのです。それも、スピードを持ってとなります。

多くの会社が、いま現在の年商3億円を仕組みで回せていません。それなのに、昨年対比10％、20％の伸びを目標にして、売上を増やそうとしています。

また、多くの会社が、いま現在の年商5億円で、「考えているのは社長と一部の優秀な社員」だけという状態です。それなのに、年商7億円に増やそうとしています。この先に待つのは、混乱しかありません。

各部門がそれぞれの仕組みを受け持ち、課題の発見と改善を繰り返している状態をつくらなければなりません。本格的に拡大期に入る前に、つくる必要があります。

それがあるからこそ、増える量や新たな施策のための仕組みを、1つひとつつくっていけるのです。この成長を支えるのが、組織となります。組織をつくらなければ、スピードを持った成長は無理となります。また、組織をつくらなければ、すべてを社長が考え続けるということになります。組織という「仕組みを成長させるための機能」の獲得が必要です。

すべての社員をまとめ、動かすための要所

組織づくりの第一歩は、その組織の『目的』を明確にすることにあります。組織の『目的』を明確にすることで、組織づくりのスタートを切ることができます。

組織という言葉の意味を確認すると次のようにあります。「ある目的を目指し、何人かの人で形づくられる、秩序のある全体」。組織と似た言葉に集団があります。集団の意味は、「多くの人が集まった、まとまり」となります。

組織と集団の違いとは、そこに『目的』があるかどうかです。言い換えれば、集団に目的を与えると、組織になるということです。

例えると、次のようになります。近所のお父さんたちを公民館に集めました。まだ特別な目的はありません。目的がないので、話すこともなく、雑談で暇を潰すしかありません。そして、酒を飲み始めます。これが、集団です。そこに、目的を与えます。

「地域の子供のために祭りを開催してください」。この目的があることで、議論が始まります。どんな祭りにするのか、場所や日程、予算なども意見が出ます。そして、誰かが役割分担の表をつく

りだします。イベント班、屋台班、運営班のメンバー割りと、そのリーダーが決まっていきます。そして、スケジュールも作成されます。

目的を与えることで、集まった人たちの脳は動き出し、想像力を働かせます。そして、その共通の目的のために討論を行います。共通の目的があるので、お互いを尊重し合いながら、落としどころを探すことができます。役割分担すなわち分業、そして、合わせて統制も機能し始めます。

1つの目的に向かう、チームとしての団結力が生まれます。そして、自分たちのやっていることにも、意義を感じます。和やかな祭り会場と子供たちの笑顔が想像できています。

目的が、人の集まりを、組織に変えます。目的が、組織に、多くの力を与えるのです。どのような組織にも、この原則が当てはまります。

民間企業でも、公の機関でも、同好会であろうとも、明確な目的が必要になります。目的が曖昧な集まりは、いずれ消滅することになります。

組織にとっての目的には、必ず「奉仕する対象」が含まれることになります。組織は、奉仕する対象があるからこそ、その存在を許されるのです。

「我々は、○○で困っている人たちに、○○を提供し、○○という社会を実現する」

「我々は、○○病の解明を行い、医薬品開発のための基礎研究を行う」

「我々は、○○のシステムを普及することで、○○の多くの無駄を削減する」

就職に関する記事に、頻繁に「社会貢献型企業」の言葉が出てきます。世の中に存在している組織は、民間にしろ、官公庁にしろ、必ず世の中の役に立っています。民間企業では、その役立った度合いを売上で、その効率を利益で測ることができます。目的が達成されたとき、または、貢献できなくなったときに、その組織は解散することになります。

1つの目的を達成するために、すべてが最適化されることになります。サービスを提供するための仕組みはもちろんのこと、組織体系や構成員も、その目的に最適化されることになります。

社長は、自社をどのような目的、どのような方向に最適化させるのかを決めなければなりません。その目的を示したときに、組織は動き出し、最適化が始まります。

1つの目的を、構成するメンバー全員が共通に持っていることで、その組織の力は発揮されることになります。

「当社は組織ではありません。ただの集団です」

この説明を聞いて、M社長は言われました。「いまの当社は、組織ではありません。ただの、集団です」。食品メーカーという定義はあるものの、共通した1つのイメージを、社員全員が持っているとは思えません。どのような食品メーカーを目指すのか、何を特色としていくのかが、示されていないのです。

いまの状況は、まさに「集団」だからこそ起きる現象ばかりです。会社全体がお客様のために団結しているとは感じられません。各部門がバラバラであり、統制が取れていない状態です。

M社長は、1枚の書類を出しました。「矢田先生、これは当社の経営理念になります。意味されるものは、これとは違いますね」。一見し私は、「はい、これとは、違う意図になります」とお答えしました。

M社長は、さっそく自社の事業の目的づくりに取り掛かりました。案をまとめては、矢田にメールを送ります。3回ほどやり取りをしたところで、私は、一様のOKを出させていただきました。

しかし、M社長、どうもしっくりしていません。

「この目的では、漠然としています。これでは、読んだ社員は、イメージできないはずです」。

実際に、その書かれたものは、漠然としており、組織を引っ張るだけの十分な力の発揮は期待できません。それでも、これ以上のつくり込みは一旦止め、事業の構築のほうに注力することを提言しました。

そのとき、M社長は、年商10億円になる事業モデルの開発を進めていました。その事業モデルの構築に注力するようにお願いしたのです。その理由は、自社の事業の特色こそが、組織の目的になるからです。

事業モデルに必要な3つの定義とそのポイント

事業モデルとは、次の3つの組み合わせで成り立ちます。「どのような欲求を持った人をお客様とするのか」、「どのような自社のサービスを提供するのか」、そして、「どのような価値を実現するのか」。この事業モデルが、「時代」に受け入れられれば、事業は急拡大することになります。また、会社としての特色を得ることになります。

この３つの組み合わせである事業モデルこそが、その組織の目的になります。その特色を更に強化するために、仕組みをつくっていきます。その仕組みをつくり変えるための組織が形成されることになります。その特色の強化のために、『人材』を求めることになります。その『人材』は、仕組みづくりやその管理に貢献してくれます。そのできあがった仕組みにより、多くの「人」を動かすことができます。

自社の事業モデルが見つかると、スムーズに組織の目的をつくることができます。M社長は、年商10億円の事業モデルを探し動いていました。お客様を規模や要望でグループ分けし、それぞれのお客様が何に困っているのか、そして、当社のようなメーカーに対し、何を求めているのかを聞いて回りました。何度も提案書を書き換え、想定するようなニーズがあるか、当社のサービスが受け入れられるのかの確認をします。

その結果、M社長は見つけることができました。この発見までに、半年近くがかかりました。それから、すぐに組織の目的を完成することができました。「我々は、○○売場に対し、売上アップのための商品と売り方を提供します」。

それを組織の目的として機能させるためには、次の３つが定義される必要があります。

①自分たちが奉仕する対象（お客様）

②自分たちのサービス（独自性）
③自分たちの実現するもの（価値）

それが、事業の定義であり、組織にとっての目的になります。この組織の目的を定めたことで、M社長の全社を巻き込んでの変革が本格化したのです。

組織の目的を決めるときには、『イメージができること』が肝要になります。その組織に参加する人たちは、そのイメージで引っ張られることになります。組織のトップは、1つのイメージによって、全体をある方向に引っ張るという意図を持つことが重要になります。

「地域の子供のために、祭りを開催してください」では、イメージがやや広すぎます。「地域の子供のために、地元の産業と触れ合える祭りを開催してください」、これによりイメージは、より鮮明になります。そして、同時に絞られてきます。

「地域の子供たちに、世代を超えた交流ができる祭りを開催してください」でも、よいでしょう。このイメージにより、祭り全体の方針が、自ずと絞られてきます。

組織の目的を決めるときに、一番あってはならないことが、「イメージがバラける」こととなります。バラついたイメージでは、やはり「引っ張る」力は、弱くなります。そして、それは組織内に分散を生む原因になります。

「地域の子供のために、地域の産業と世代を超えた交流ができる祭り」では、分散は避けられないのです。そして、それを実現するためにやることも増えます。ただでさえ少ない予算と人員が、更に分けられることにもなります。

2　なぜ多くの会社が、経営理念で失敗しているのか

強いビジネスと弱いビジネスの決定的な差

１つの事業で、すべての人を満足させることはできません。必ず、お客様を選ばなければなりません。多くの要望に応えようとするほど、その事業モデルは、無難なものになり、特色を失っていきます。

世の中の強いビジネスは、強力にお客様を選ぶことをしています。そして、一方では、「貴方の欲求は、うちのサービスでは満たすことはできません。他へ行かれたほうがよいですよ」という具合に、お断りをします。

逆に弱いビジネスほど、すべてを拾おうとして躍起になっています。「買われる人すべてが、お客様です」、「困り事をお聞かせください。ご提案します」と相手合わせの事業をしています。

資源の限られる我々中小企業は、奉仕する相手と提供するモノを、絞らなければなりません。そして、その絞ったものに、すべての資源を集中するのです。すべての金、すべての構成員はもちろんのこと、そして時間もです。

その1人のお客様と1つのサービスを、社員全員の目が捉えています。その方の満足のために、社員全員の体も頭も総動員します。各部門は異なる業務を受け持っていますが、その業務の先に何があるかはわかっています。そして、安定してよいサービスが提供できるように、仕組みをつくっていきます。お客様がこの先どう変わっていくのかを先読みし、サービスと仕組みをどんどん改良していきます。

これこそが、我々の目指す事業であり、組織となります。この状態こそが、我々が目指す最速となります。

多くの会社が、「成功し損なう」一番の原因とは何か

その事業に、複数のお客様がいれば、それだけ社員の焦点は分散することになります。思考が向かう先も、分割されることになります。そして、当然のことに、必要となる仕組みは、数が多くなるのです。マニュアルの数も倍になります。また、1つの商品や1つの集客方法にかける研究は、浅くならざるを得ません。見直しや更新のスパンも長くなります。

その結果、会社としてのスピードは遅くなります。その結果、1人のお客様と1つのサービスに絞っている会社に、負けることになります。スピードはもちろんのこと、すべての質でも負けることになります。

経営において、シンプルこそがパワーです。そして、シンプルこそが、スピードなのです。複雑

さこそが、弱さであり、遅さの一番の原因となります。

複数の事業、複数のお客様、複数のサービス、増やせば増やすほど、パワーは分散しスピードは落ちていきます。多くの企業が、多くのことをやり過ぎて、「成功し損ねている」というのが現状です。どれかを選ばなければなりません。

一流のスポーツ選手も、多くを捨てています。サッカーもマラソンも、どちらも一番が取れるほど甘くないことはわかっているのです。彼らも、1つのスポーツを極めるために、すべてをそれに特化させています。肉体はもちろんのこと、食事も勉強も、すべてをそこに研ぎ澄ませています。彼らは、自分のすべてを何に捧げるのか、主（あるじ）である自分が決めたのです。そして、多くを捨てています。

我々の会社も、同様に、何かに研ぎ澄ませる必要があります。それを選ぶ必要があります。会社においては、それを選ぶことこそが、社長の役目になります。その社長の選択により、組織のすべてがそこに向けて動き出します。そして、この先、自社が繁栄するのか、衰退するのかが決まります。この選択には、決断が伴います。

社長にとって、事業は手段である

社長は、自社の社員に、全力を掛けるべきミッションを与えることになります。その社長が決断したものを持って、組織に命令を下します。そして、協力を頼むことになります。

「我々のミッションは、○○という要望を持った人たちに、○○というサービスで、○○という価値を提供することである。その実現に向けて、皆さんの全力を貸してください」。

このミッションを聞けば、この事業に、立派な意義があることがわかります。そのサービスで、助かる人たちがきっと沢山おり、喜んでくれている顔まで想像ができます。人の役に立てるからこそ、やる気も起きるのです。それが自分たちの存在意義であり、プライドになります。

この組織のミッションの呼び方には、いろいろなものがあります。代表的なものとしては、事業理念やクレド、社是などがあります。この名称は、何であっても問題はありません。しかし、そのものは、必ず次の条件を満たしている必要があります。『自分たちの奉仕する対象と、自分たちの特異性を表していること。それが、イメージできること』。特異性とは、事業の特色であり、今後さらに強化する対象となります。

M社の経営理念を見せていただきました。数年前に経営者団体の勉強会で経営計画書を作成したときに、策定したものです。毎期の経営計画書に記載はしているものの、社内の発表会でも、さらっと読み上げるだけになっていました。

M社長も、実は、その経営理念については、しっくりしていなかったのです。経営計画書を作成したときに、他社のものを真似てつくりました。M社長、その経営理念を見返して感想を言います。「確かに何もイメージが浮かびません。うちの会社の特異性も込められておらず、他の会社でも同じものが使えそうです」。

そこには、次の文言があります。「お客様に、喜ばれる仕事をする」、「全員が仕事を通じ成長し幸せになる」。このような理念が、間違っているわけでも、無駄ということでもありません。ただし、どのような人に貢献するのかも、自社の特異さもイメージできないものであれば、組織を引っ張るという意味では、力を発揮しません。

中小企業においては、経営理念は社長が経営する上でのテーマと言うことができます。自分の人生で何をテーマに経営をしていくのか、自分の人生をかけ何を成し遂げたいのか。そして、自分の会社では、何に取り組むべきか。逆に、絶対にしたくないことは何か、も表されます。

この経営理念から外れ、何かに手を出したときに痛い目にあいます。また、厳しい状況に置かれたときに、この存在がぶれるのを抑え、本来の自分の視点に戻してくれます。社長は自分の志のために、会社を持ち、いまの事業をやっているのです。

それに対し事業理念は、コンセプトと言えます。自社の事業を短く、そして、わかりやすく説明したものとなります。事業理念を明確にすることで、構成員は同じ目的で動くことができます。スタッフや協力業者にも、そのコンセプトの実現の協力を呼びかけることができます。組織をつくるうえで必要になるのが、事業理念になります。

正しい経営理念と事業理念の使い分け

残念ながら多くの企業では、経営理念と事業理念の使い分けがされていません。経営理念とは、その字のごとく経営の理念です。ですから、その会社の経営に関わる者すべてが、守るべき理念になります。

そのため、経営理念には、「この会社は、どのような分野を事業領域とするのか」、「人を雇用するうえで守るべきことは何か」、「取引会社とは、どのような関係にあるべきか」、「地域社会との関わり方や環境への影響を、どうするべきか」というものが含まれることになります。

自分が生み出した、または、自分が経営する会社が、どのような事業でもやってよいわけではありません。また、儲けるためなら、法を犯したり何かを犠牲にしたりしてよいわけではありません。そこには、強い信念があります。当社の経営に関わる者すべては、それを守ってくれという想いが、経営理念になります。

それに対し、事業理念は、あくまでもその事業の理念であり、その組織の目的となります。「この事業では、こういうことをやっていく」というミッションを表したものになります。経営の理念を実現するための1つの手段として、その1つの事業を営んでいるのです。そして、その事業を行うために組織があります。経営理念が上位の概念になります。

経営理念は、会社またはグループという1つの括りに、1つになります。事業理念は、事業の数だけ必要になります。1つの会社が、飲食業とホテル業をやっています。それぞれ奉仕する先や提供している価値が異なれば、違う事業理念が必要になります。いち事業にはいち組織、いち組織にはいち事業理念が、原則になります。

社長や経営陣にとって、経営理念は非常に重要になります。組織にとっては、事業理念が重要になります。それぞれの策定する意図が異なります。自社で使うときには、経営理念という名前でも全く問題ありません。また、ミッションでも、クレドでも社是でも、間違いではありません。それ自体が、組織を引っ張るだけの力を有すればよいのです。貢献する分野や相手、自社の特異性さえ、その構成員が共通のイメージが持てれば効力を得ることはできます。

多くの経営者にとって、事業モデルが明確であれば、事業理念のほうが、断然つくりやすいはずです。事業理念は、事業モデルをそのまま説明したものになります。スタッフの頭に残りやすいように、言葉を削ったり韻を踏んだりすると、実際の現場で使われやすくなり、更に効果は高くなります。朝礼などで、唱和に使うこともできます。

経営理念は、経営者の生きざまや哲学が反映される必要があります。そのため、成文化しても、それが本当に腹に落ちるのに、早くて5年、通常では10年以上かかるものです。そういう意味でも、一度集中してつくり上げることをおすすめしています。それを持ったまま、経営に邁進していると、ふと、腹落ちするときが来るものです。

ＩＴ系ベンチャーＵ社長、楽しい仕事、少数精鋭、ではダメなのか

Ｕ社長は、大学時代に、現在の専務である親友Ｋ氏と数名の友人とで、会社を起こしました。当時はその技術は珍しく、創業2年目には名の知れた大手企業との取引が始まりました。そして、卒

業とともに、その事業をより本格的に行うことにしました。創業から8年が経ち、年商は3億円になっています。構成メンバーは初期からの顔ぶれの6名です。

社内の雰囲気もその気質も、当時から変わっていません。メンバー全員が生粋のエンジニアであり、技術的な課題を解決することを喜びとしています。成果のために必要となれば、全員がアイデアや意見を忌憚なく出し、夜遅くまでディスカッションをします。

気心の知れた仲間と本気で高いレベルの仕事をする、ここから得られる高揚感や充実感は、学生時代から変わりがありません。そして、それこそが自社の強みであるともU社長は考えていました。

そんなU社長は、ここ数年、そんな会社の状況に、疑問を抱くようになっていました。「いまは楽しいが、この先も、このままでいいのだろうか」。

創業当時から事業モデルは、相談を受けそれに対し解決策を提案しそのシステムを組む、というものです。コンサルティングと受託開発、そして、運用で成果を出す。その業界では、知られた存在になっていました。

U社長は、その社風も、事業モデルも気に入っていました。しかし、このままでいいのかという考えが、頭から離れません。創業当時は、全員が20代前半でした。あれから月日が経ち、全員がその分、歳を取っています。社長を含めメンバーの中には、結婚し家庭を持った者もいます。このまま5年が経てば、確実に全員が5歳年を取ります。

U社長は、いよいよ焦ってきました。クライアントから新しい課題を受け、それを一生懸命に解決し、お金をいただく。その過程で技術を追求する。これはすごく楽しいことです。しかし、この先にあるものが、見えなくなっていたのです。

それを、学生時代からの親友であり、専務でもあるK氏に、一度打ち明けたことがあります。そのときには、K氏は、「楽しければ、いいのではないか。十分儲かっているし、全員の給与も同年代の倍近くある」と素っ気ない返事でした。

U社長自身も数年前までは、そう思っていました。実際、会社の社是は、「楽しい仕事をやる！」というものです。組織の形としても、能力が高いメンバーだけで大きな成果をあげるという、少数精鋭型を理想としてきました。会社を大きくする必要性も感じていませんでした。

ここ数年で、変わってきていたのはU社長のほうだったのです。トップとしての責任も感じるようになってきました。そんなときにネットで当社のコラム記事を見つけました。読み進めると、年商数億円で停滞している理由や自社の事業モデルの課題がよくわかりました。また、仕組みらしきものは何もありません。マニュアルなど文字になっているものも、ありません。それでも、これからもこのメンバーだけで、いまの事業をするなら困ることはないはずです。

これまでに、社員を数名採用してきました。入社しても、会社のことや基本的な約束事などは、全く説明をしません。そして、当然のように、高等なスキルを求めていました。会社の雰囲気は、どこかまだ「サークル」のようなものを残しています。採用された人は、全員が退社していきました。そのため、創業初期のままの６名なのです。

そして、U社長が、いよいよ危惧する事態が、起き始めたのです。その分野で、数社競合が現れました。同じ分野の技術を提供しています。その一社が、追随してきたのです。

U社長は他のメンバーと、その競合先のシステムを調べ、評価をしました。「技術的には、当社よりも全然低い。敵ではない」と判断しました。その後も、徐々に客先で、ぶつかることが増えてきました。そして、U社が負けることが多くなってきたのです。

気づいたときには、その競合のほうが、規模は倍以上になっています。その会社のホームページは、つくりこまれています。営業担当がおり、しっかりお客様をフォローしています。提案書やカタログも整備されています。総合力で負けていたのです。その会社は、組織として動いていたのです。

これにはU社長は、ショックを受けました。技術的には、圧倒的に当社のほうが勝っているはずなのに、負けたのです。それを機に、U社長は、会社を変えることを決意したのです。

多くのメーカーが取り入れる事業の2層構造

最初に取りかかったのは、やはり事業全体の構想です。これは、戦略よりも、上の概念になります。いままでは、技術や提案、相手合わせというクリエイティヴを売りにしてきました。U社長は、この部分は、絶対に変えたくないと考えていました。しかし、いままでのような高いクリエイティヴを提供するのでは、請けられる数に限りがあります。実際、いまの年商3億円が限界なのです。また、社員を増員しても、そのレベルの仕事は、すぐにこなすことはできません。

矢田は、事業の全体構想について、提案をさせていただきました。

「2層構造の事業モデルは、考えられませんか？」

2層構造は、メーカーを代表として、多くの業種でも適用が可能です。「相手の課題に対し、開発し提供する」という1層と、「定番商品の販売と製造をする」という2層の構造です。イメージとしては、後者の2層目が土台となり、その上に前者の1層目が乗る三角形です。1層目が、質で稼ぐのに対し、2層目は、量で稼ぎます。

これにより、事業としても、組織としても、バランスの取れた状態になります。量で稼ぐ2層目の事業モデルは、「安定した収益」、「物販に近く、手切れがよい」、「並みの社員でも販売・製造が可能」というものを生み出します。また、「新人の育成期間」を確保できます。質で稼ぐ1層目は、「粗利率が高い」、「次の量産品（2層目）の開発の場」、「高等技術者としての仕事」の事業モデルとなります。

このように、事業を2層で組み立てられると、非常に経営としてもよいのです。いままでのU社は、1層目の質で稼ぐ事業モデルしかなかったのです。

このメーカー型の2層モデルは、次のような業種でも、有効です。

・設備会社：質で稼ぐ「受託開発」と、量で稼ぐ「型番設備の販売製造」と「メンテナンス」
・住宅会社：質で稼ぐ「個別注文住宅」と、量で稼ぐ「パッケージ住宅　OR　建売住宅」
・社会保険労務士：質で稼ぐ「人事制度設計」と、量で稼ぐ「就業規則改定」や「手続代行」

ナンバー2からの突然の呼び出し、「社長が何を考えているかわからない」

U社長は、早速、この2層構造の構築に入りました。まず取りかかったのが、現在提供しているシステムの簡易版の商品化です。いま提供しているものが開発から運用までのフルサポート版であるのに対し、ある程度パッケージ化されたものを一部カスタマイズし、お客様自身での運用を基本とする商品です。

これであれば、販売にかかる工数も、難易度も下げられます。そして、基本的なスキルがあれば、カスタマイズの作業は、十分可能です。導入後の業務は、その保守管理と定期報告になります。クリエイティヴを下げられながら、定型型のワークと安定的な収益を生み出せます。

U社長は、このパッケージづくりに没頭しました。このパッケージができれば、経営的な悩みの多くが解決できるはずです。新たに社員を採用しても、すぐにやらせる仕事があります。そして、業務はルーチン化でき、マニュアルや仕組化もしやすいのです。

そして、何よりも、創業メンバーにも、これからの広がりを見せることができます。複数の部下を抱える管理者として活躍してもらうことができます。念願である、特殊案件や技術開発に専念する部門をつくることもできます。U社の想いも、U社の創業の精神も満たすことができます。

U社長は、いま請けている案件を他のメンバーに任せ、この完成に向けて邁進しました。そんな中のある日、珍しくK氏からランチに誘われたのです。昼休みも取らず仕事をし、定時に帰る社風のために、これは稀なことです。

U社長も、このパッケージの仕様や提案書ができかかっていたので、その進捗を話すよい機会だと思いました。席に着き、注文が終わると、すぐにK氏から切り出されました。

「U社長、他のメンバーから、社長が何を考えているのか、わからないという声が上がっています」。この話を聞いたとき、U社長は、何を言っているのかがわかりませんでした。K氏は、少し間を空け、一言付け加えました。「この俺も同じだ。Uが、何を考えているのかわからない」。

他のメンバーも、ここ数か月、社長が何かに取り組んでいることには、気づいていました。最近では、新規案件のディスカッションにも、参加していません。

U社長は、そのランチの場で、K氏にいま取り組んでいるパッケージのことを話しました。ターゲットは誰か、どれぐらいの価格帯を狙うのか、また、契約体系はどのようなものか。一生懸命に話をしました。

K氏は、その場では、「わかった」と言ってくれました。そして、「他のメンバーにも、しっかり説明をしてほしい」と言い、事務所に一足先に戻っていきました。

この数日後に面談したときに、U社長から、この経緯と気持ちを聞かせていただきました。「また悪い癖が出ました。自分が考えていることは、勝手に皆もわかっていると思い込んでいました」。

私は、黙ってU社長が続けられるのを聞きます。「矢田先生、彼らにしっかり説明をしたいのですが、どうすればよいでしょうか」。私も、そのU社長の考えに賛同をしました。そして、それを急ぐべきであると、進言をさせていただきました。

まとめ

・年商10億円ビジネスには、「年商10億円を売る事業モデル」、「年商10億円をさばく分業」、「年商10億円、20億円に育つ成長組織」の3つの条件を満たす必要がある。

・仕組みとは「その瞬間に最適化されたもの」。それに対し、組織とは「その仕組みをある方向に変化させるもの」。

・集団に目的を与えたものが、組織。組織づくりの第一歩は、目的を決めること。

・どのような欲求を持った人に、どのような特色あるサービスで、どのような価値を提供するか。そのイメージに引っ張られ、すべての仕組みも構成員も最適化される。

・いち事業に、いち組織が原則。多くの会社が、1つの組織で複数の事業を行うことで、スピードを失い、成功し損ねている。

・経営理念は、経営するうえでのテーマであり、経営者すべてが守るべきもの。事業理念はコンセプトであり、組織のミッションになる。組織をつくるうえでは、事業理念が重要になる。

第4章

最速を実現するための、最強のツールを手に入れろ！

1　社員の主体的な行動を引き出すための要所

社内アンケートや従業員満足度調査に潜むリスク

U社長に、急ぐように進言した理由は、近日中に離脱者が出ることが予測できたからです。社長の耳に1つの不満が入ってきたとき、その段階ですでにかなりの時間が経っています。そのため、鬱積があることが予測できます。

そして、それが社長の耳に入った段階から、カウントダウンが始まります。それを聞いた時点で、回答責任が発生するからです。実際には、そのような責任はありませんが、「社長の耳に入れたのだから、何かしらの回答があるはずだ」と、当の本人たちは勝手な思い込みをするのです。

社内アンケートや従業員満足度調査を行う会社があります。実施自体の賛否は置いておき、その後の対応を間違えている会社は、多くあります。「何も回答をしない」のです。要望を書いたその本人たちは、すなわち社員は、何かしらの対応や回答が、会社側からあるだろうと期待するのです。

そして、回答がないと、期待を裏切られたと思い、会社への信頼を下げることになります。それが、退職の誘因になる場合もあります。社内アンケートなどで、本音や要望を聞くことはよいのですが、すべてに対し、何かしらの回答をする心構えが必要となります。

U社長はメンバー全員を招集し話をする

その後すぐに、U社長は、事業の構想を書面にまとめました。それは、決してきれいに纏まっているとはいえるものではありません。しかし、社長の想いは十分に伝わります。私は、このときには「必要なこと」が、書かれているかどうかを確認するだけです。

そこには、事業戦略やそのパッケージの説明だけでなく、なぜそのパッケージが必要なのかの説明が書かれています。また、事業の2層構造も、わかりやすい図で表されています。その図の三角形の下半分には量で稼ぐパッケージ事業があり、その上半分には、質で稼ぐ開発型事業があります。

そしてこの事業を2層型にする目的として、この先の会社のビジョンが書かれています。「会社としての永続性を築くこと」、「今のメンバーは、仕組みづくりや管理に回る。または、技術の開発専門になること」、「パッケージを提供していくことも会社の使命の一部であること」、「社員を増やし、強く大きい会社にしていくこと」が書かれています。

U社長は、その説明用の資料の数枚が少ないこと、そして、詳細まで検討できていないこと、文章が稚拙であることを気にされていました。私は、「十分に思いは伝わります。このような場合は、かえってボリュームは少ないほうがいいものです」と伝えさせていただきました。まだ迷っていることも含め自分の思いを話すこと、そして、全員から必ず一言は、質問や感想をもらうようにお願いをしました。

U社長は、週に一度の全員が集まる日に、その会を設定しました。その日までにも、頭の中では構想は磨かれ、育っていきます。

その日、6名全員が揃いました。いつもの会議室ですが、事前に会の趣旨を伝えていただけに、誰もが少し緊張した表情です。U社長は、全員に資料が行き渡ったのを確認して話を始めました。

その会の時間は、2時間を超えました。普段からだらだら会議をしない会社だけに、U社では、異例の長さになりました。矢田の心配ははずれ、メンバーからは、多くの意見が出されました。

ここでも、U社本来の社風のよさが現れたのです。全員が遠慮なく、会社がよくなるために意見を出しました。

経営理念とは、社長の生きざま

あっという間の2時間でした。これほど充実した時間は、U社長にとってもメンバーにとっても、ここ数年の記憶にはないものです。

その数日後、K氏は、再びU社長をランチに誘いました。そこで、「メンバーのうちの2名が、本気で辞めようかと悩んでいた」ことを聞かされました。メンバーも同様に、会社の将来に不安を持っていたのです。また、このまま居ても技術的な広がりがないことも感じていました。

K氏は、前回の2人でのランチの内容を、メンバーに話しました。すると、メンバーの反応は、「やっぱり社長はわかっていない」というものでした。彼らが知りたかったのは、事業戦略やパッケージの内容ではなかったのです。彼らが欲したのは、社長がこれから会社をどうするつもりなのかという展望だったのです。

メンバーは、社長が取り組んでいるパッケージの仕様をみて、「社長は、会社の目的を勝手に変えている」とも受け取っていました。創業当時、メンバー全員が「技術の追求」を喜びとしていました。実際にそれを言葉にし、会社を設立しました。いまも変わっていないはずです。

しかし、つくろうとしているパッケージを見ると、そのように感じることはできません。技術を妥協し、安売りに走ろうとしているようにも感じられました。それが、メンバーにはショックだったのです。

K氏は、箸を止め言いました。「本当によかった」。K氏も裏で、他のメンバーに残るように、説得をしていたのです。

それからU社長は、メンバーに説明した資料をもとに、事業設計書のまとめに入りました。会社全体の構想、各事業の定義、そして、戦略と各方針。その実行のスケジュールは、メンバーを巻き込んで作成しました。そこまでが終わった後に、『経営理念』に向かいました。その理念の中には、「技術の追求」の文字があります。

U社長は言われます。「創業から今日まで、世のＩＴの技術も当社もすべてが変わりました。これからも変わっていくことでしょう。しかし、この理念は変えるつもりはありません。この理念をなくしては、私が事業をする意味がなくなります。そして、私の誘いに乗って、10年もの人生をかけてくれた彼らに報いたいのです。この理念と自分の考えを知ってもらい協力を依頼するという姿勢を、変えることは致しません」。

U社は、その半年後にパッケージ商品の販売を開始しました。

大きくし難い「サービス型事業」、使い難い「知的労働者」とは

第2章でご説明したとおり、会社と言うものは社長の考え方でできています。どのような事業をやっていくのか。どのような集客の仕方をするのか。どのような仕組みが必要なのか。

事業を営むうえでこれらの原則とその重要性は、これまでもこの先も変わることはありません。大きく変わるのは、それを組織として実現していくということです。実際に動きそれを実現していくのは、社長ではなく、管理者や社員となります。

だからこそ社長の目指すところ、価値観をしっかり伝える必要があります。社長の構想の実現に向け、スピードと精度を持って動いて欲しいのです。そして、それ以上を求めていきます。

分業とは、各部門にスペシャリストとなってもらうことです。各部門には、社長を超えたものを求めたいのです。彼らからアドバイスをもらう、彼らから提案をもらうという状態を、我々はつくっていきます。そのためには完成のイメージと、そこに込める意図と、守ってほしい価値観を伝える必要があるのです。

我々の会社も、変化の激しい時代の中にあります。それゆえに、我々の会社も、この時代なりの2つの大きな影響を受けることになります。その2つの影響のために、我々は「大きくなり難い」状況にあると言えます。

その1つは、『サービス型事業』にあります。物の行き渡った先進国では、すべての産業でサービス業化が進んでいきます。「モノ」をつくったり仕入たりして売るというビジネスモデルでは、成り立たなくなっていきます。それぞれの分野で、特色を出し生き残っていくためには、「特別なサービス」を提供していく必要があります。

サービス型事業には、「物でなく価値を提供する」、「個別の対応」、「生産と消費が同時」、「在庫を持てない」という特徴があります。そのため、次の現象が起きます。

・クリエイティヴやホスピタリティーが、提供する社員に求められる。
・提供するものが目で見えないためにPRしにくい。お客様に理解していただくための努力が必要。
・部門間でやり取りするものが「情報」であるため、業務プロセスの管理が難しい。
・実際に社員がお客様にサービスを提供するところを、確認できない。
・人が関わるところが多く、品質を安定させにくい。
・繁忙期になるとすぐにキャパに限界が来る。閑散期になると人が余る。

サービス型事業の特性ゆえに、生産性が低くなりやすいと言えます。また一部の社員にしかできない業務が多くなります。その結果として、会社として大きくなり難いのです。

サービス型事業では、各部門や各業務の専門性が非常に高くなります。そのため、管理側もその内容を把握することも、理解することもできないことがほとんどです。そこにいまのデジタル化が拍車をかけています。職場でも隣に座っている人間が何をやっているのかが、わかりません。

そのため、その業務をやっている本人にしか課題に気づけないのです。そして、当然、他の人間が、改善案を考えることもできません。事業の目的や方針をしっかり伝えることで、彼らに「考えること」に参加してもらうことが必要になります。

もう1つの影響は、働く人のほとんどが、『知的労働者』に変わったことです。日本人は、誰しもが基礎教育を受け、そして勤勉です。我々は、高い知識と常識を持った人間を雇用しているという認識を持たなければなりません。彼らは、知ることを求めます。会社がどうなっていくのか、なぜこのようにしているのか、納得を非常に強く求めるのが特徴です。

先に挙げた『サービス型事業』では、『知的労働者』の協力が必要です。彼らは、何かの分野においてスペシャリストです。そんな彼らに動いてもらい、成果を出してもらう必要があります。

製造業のように設備にそのノウハウの多くを持たせることはできません。マニュアル化を進めるものの、全部を表現するのには限界があります。そのノウハウや勘所の多くは、彼らの頭の中にあります。

繰返しになりますが、サービス型事業であるがゆえに、業務の課題の発見や改善案などには、彼ら本人の参加が不可欠なのです。それらの成果には、本人たちのやる気が非常に大きな影響をもたらします。また、その背景や意図を理解しているかどうかも大きな差を生みます。

彼らは、この事業が社会の役に立つかどうかを気にします。また、理論的に会社がこの先よくなるという科学性も求めます。そして、自分たちの生きがいや家族との時間を大切にします。同僚に対する会社の扱いをみて、公平性や誠実さを測っています。彼らは、金だけでは動きません。それ以上のものを求めるのです。

そんな彼らに、その能力を遺憾なく発揮してもらえる環境を整備できるかが、その会社の力になります。その仕組みこそが、会社の財産だと言えます。

勤務時間中、入力やデザイン制作や設計など、その多くに体を使っています。しかし、そのときに、彼らがその頭を動かしているかどうかが、企業の力の差となります。その差は、毎日積み上がっていきます。そして、１年後、３年後の、企業の規模の差となるのです。

我々には、サービス型事業という非常に大きくし難いビジネスをやっているという認識が必要です。サービス型事業をやっている会社は、その多くが年商数億円、社員十数名という規模で停滞をしています。サービス型事業の展開の仕方を覚えなければなりません。

また我々は、知的労働者という、非常に頼もしい人たちと仕事をしているという認識も必要です。昔の単純作業労働者ではありません。

ある一面では、非常に「扱い難い相手」という認識も必要です。我々にいま求められているのは、彼らとのパートナーシップを築く力です。

社長の構想を確実に現実化するための3ステップ

社長は、考えをきちんと表明することが必要です。社長の考えたことが現実になります。逆を言えば、社長が考えられていないことは現実にはならないということになります。

いままでの年商数億円や社員十数名までは個人の力でやってこれました。これ以上になるためには、組織をつくり、組織を適切に機能させる必要があります。多くの会社が、組織をつくっているようで、集団レベルでいます。その理由は、『考え方』がないからです。事業定義や戦略が共有されていないために、その力を得られていません。また、方針がわからないので、分業と統制の効用も得られていないのです。

肝心となる事業の成長の方向を示せていません。3年後、5年後、自社の事業や仕組みは、どのような状態になっているのか、共有ができていません。各部門や担当者は、どこに全力を向ければいいか迷っています。

彼らのその高い専門性も主体的な行動も、『考え方』を提供することでしか引き出すことはできません。課題に気づくことも、アイデアを生むことも、自分で勉強することも、方針などの『考え方』があってこそとなります。残念ながら、多くの会社が、組織の力も社員の力も十分に使いきれてないのが現状です。

会社の成長とは、3つの段階を踏むことにより達成されます。

『完成のイメージを描く段階』、
『イメージを共有する段階』、
『実現のために行動する段階』。

私は、これを『設計―依頼―実行』と呼んでいます。この3つをしっかり踏むことで、社長の構想は現実のものとなります。組織を動かし目標達成と仕組みの改善が、進むことになります。いままで同様に個人の力で回すのであれば、この3段階は必要ありません。自分の中でイメージを固め、それを実行するだけです。多くの部分を省くことができます。

組織で何かを成すためには、このサイクルを避けることはできません。かなりの手間が必要になります。その手間をかけることで、沢山の人を巻き込み、大きなことを成し遂げます。

この3段階は、大きなビルディングの建設に例えて考えると、よく理解できます。

大きなビルディングを建てるときにも、この設計、依頼、実行の3段階を踏むことになります。『設計』の段階では、ビルディングの企画から始まり、デザインや収益性、構造設計までが行われます。そして、それをゼネコンなどの施工業者に『依頼』をします。図面や仕様書があるために、その完成形を共有することができます。ゼネコンは、多くの業者や多くの人に『依頼』し、それを現実化するために『実行』していきます。実行する際には、施工の順番を決め、計画を立てます。全体の進捗と予実や品質などの管理を行ってきます。

設計―依頼―実行の3段階が、しっかり踏まれることで大きなビルディングは、初めて具現化します。そして、そのビルディングは狙い通りに多くの人の役に立ちます。その結果、狙い通りの収益を上げることができます。

社長が望むものが小さな小屋であれば、それは必要ありません。すべて社長の頭の中で描き、その場その場で作業員に指示を出せばよいのです。大きなものを望むのであれば、この『設計─依頼─実行』の3段階を踏む必要があります。

机に向かわない社長の会社は、成長が遅い

「すべてのものは、2度つくられる」とは、真意をついた言葉です。設計の段階では、『創る』ことがされます。そして、実行により『造る』ことがされるのです。

偉業を成し遂げる人、何かの道で成功する人は、自分1人でもこのステップを踏みます。意思決定のために多くの時間を使います。自分の人生をどうするのか、何を優先するのか。そして、スケジュールも立てます。そのときには、紙に書いてイメージを固めます。それにより、実行に邁進することができます。その後にぶれることを抑え、修正することもできます。

個人とは違い、組織で行うときには、『設計』と『実行』の間に、『依頼』の段階が必要になります。望むものの新規性が高いほど、そして、関わる人間が多いほど、『依頼』の重要性は高まります。年商10億円という規模を狙うのであれば、この『設計─依頼─実行』の3段階を、丁寧に踏んでいくことが必要となります。

『設計』の『創る』ことこそが、社長の重要な仕事となります。事業の構想、各方針など、すべてを書面にまとめることになります。

私は常々、「机に向かわない社長の会社は、成長が遅い」ということを申しております。文章を起こすことは、「創る」作業であるため、大変な苦労が伴います。そこから逃げた分、『依頼』の精度は落ち、動かせる人数も少なくなります。

自分で書面にまとめるという過程が非常に重要です。書いては消しての繰返しで、熟考されることになります。その過程で、多くのアイデアや課題が発見されます。それにより省ける無駄や得られるスピードは、実行段階でのそれとは全く次元が違うのです。

文字にしてみることで、それが本当に自分の望むものなのかどうかがわかります。実行の段階でも、考えがぶれ難くなります。

よく受ける質問に、「経営企画室やコンサルタントに、作成を依頼してよいでしょうか」というものがあります。私は当然ＮＯとお答えさせていただきます。そのようなことをすれば、熟考や精査という貴重な機会を失うことになります。

また、その後も、それを軽くあしらうことになります。そこには、普段の自分では使用しない言葉が並んでいます。そのため「自分のもの」とは思えないのです。社長がその状態ですから、社員も、それを「軽く」見るようになります。

そして、それ以上に、彼らは「社長」をも軽く見るようになります。社長の役目を果たしていない、人につくらせている、そして、継続性がないと信頼を失うことになります。

社長自らが作成した書面をもって、多くの人に依頼をすることになります。経営幹部も管理者も社員も、社長の『考え方』を理解することができます。初めて彼らは、何を実現するのかを、知ることになるのです。そして、自分の明日からの行動を想像することができるのです。

社長は、文字と口を使いしっかり依頼をします。その意図とともに、こちらの本気度も伝えます。「読んでおいてください」で、読む社員などいません。理解が浅ければ、その分実行の精度が悪くなります。目と耳でわからせます。その後には、意見や質問を求めることをします。

『依頼』により、社長の頭の中にあるものと、彼らの頭の中にあるイメージを、できる限り一致させます。そのイメージにより、その後の彼らの日々の行動も引っ張られていきます。

そして、幹部や各部門の管理者には、その実現のための具体的な手段を一緒に考えてもらいます。社長は、全体的かつ長期的な視点から意見を述べます。彼らは、現実的かつ専門的な見解を示してくれます。それにより、また検討が進むことになります。向かう先は一緒です。お互いの個性や経験の違いが、多彩な切り口を与えてくれます。

彼らも、イメージが持てるからこそ、それに対して意見を述べることができます。また、困難であることが理解できるからこそ、しっかりと準備に時間をかけてくれます。その1つが実現したときには、また少し会社がよくなっているイメージが持てます。実行の検討に巻き込み『依頼』することで、彼らにやる気と参画意識が生まれます。

部門間が協力して問題解決、社員が自主的に動ける絶対条件はズバリ！

社長は、事業定義─戦略─方針─仕組みの事業の４階層を『設計』します。そして、その実現を各部門に『依頼』します。各部の管理者と社員は、その『実行』を担います。

その『実行』は、『仕組み』に関するものとなります。その仕組みを管理運営しその期の成果を出してくださいという『成果目標』と、その仕組みを改善または新設してくださいという『仕組化目標』があります。

『成果目標』とは、その部や課がその期に達成する目標になります。営業部であれば、「新規顧客○件開拓」や「○月に展示会に参加する」というものになります。製造部では、「お客様への納期調整願いを○％以下にする」、人事部は「新卒者３名の採用」というものがあります。

別名、維持目標と言います。毎期何かしら条件は変わります。「メインのお客様の売上が落ちた」、「展示会では想定より新商品の引き合いが弱かった」、「原料の質が悪く、不良率が高くなった」、「内定通知を出したが、すべて辞退された」など。多くのイレギュラーが発生し、計画はずれるものです。それでも、その時々に方策を修正し、具体的な行動の指示を出し、何とか達成してくれという目標になります。

『仕組化目標』は、既存の仕組みの改善、または、新規の仕組みの構築を指します。毎期、先の『成果目標』のために取り組んでいると、根本的に仕組みを変える必要性が出てきます。使っているうちに条件が変わったり、効率化のアイデアを得たりもします。

営業部であれば、「ホームページのリニューアル」や「ヒアリング時のマニュアルの見直し」があります。製造部には「案件管理表の見直し」や「運送業務の外注化」、人事部では「採用面接時のマニュアルの改訂」や「労務管理のためのシステム導入」があります。

各部に目標を割り振る際には、各施策の根本的な考え方となる『方針』を示す必要があります。『方針』とは、「ある事をするのに当たって定めた、その行動や処置の方向・原則」となります。英語では、Policyとなります。

自社のホームページを「会社概要にする」のか、「資料請求を増やしたい」のか、その狙いを方針として示します。自社の営業車を「購入し資産計上する」のか、「リース契約で経費計上する」のかという、手段を方針として示します。

新卒者の内定辞退者が多いことを受けて、「中途採用で補填する」のか、「夏、秋も新卒採用を続ける」という処置の方針を出します。また、「来期に向けて懇親会などの辞退回避の対策を取り入れる」という対策を方針として決めておきます。

企業活動のすべてにおいて方針が必要になります。集客方法、自社が取り扱う商品、値引を求められたときの対応、在庫で持つ商品と量の目安、在庫の廃棄、設備投資をする基準、外注の活用、社員の昇給や賞与。その出された方針の実現のために仕組みがつくられていきます。

また、この会社としての方針があることで、各部門や担当者は、自分たちである程度判断が可能となります。方針と照らし合わすことで、その仕組みが、正しく機能しているかどうかがわかります。そして、問題がある場合には、改善の方向性を得ることができます。

方針により、部門間の相互の協力や調整が可能になります。分業は、「各部門が自分たちの業務に専念する」ことを狙いにしています。そのため、部門間を跨ぐ施策や改善を進める場合に、主張がぶつかることになります。部門には、上下関係はなく並列です。そのときに判断の軸になるのが方針です。方針から、「どちらの部門の目標を優先するか」、「限られた資源をどう配分をするのか」などの調整が図られることになります。

わかりやすい例としては、「社員研修」があります。社員研修は、その社員が所属する部門からすると、迷惑な話となります。その社員が研修に参加している期間、誰かがその業務を受け持つことになります。そのため、人事部からの参加要請に、「忙しい」と協力的でないことがあります。そのときに、力を発揮するのが「人材育成に関する方針書」となります。そこには、会社としての人材育成の考え方と、各施策の根拠になるものが載っています。その方針の実現のために人事部は研修制度をつくり運営しています。後ろ盾があるので、人事部も強く依頼することができます。期初から計画されていたこともあり、部門も突っ撥ねることはできなくなります。本当にどうしようもないときだけ、上位者にその判断を仰ぐことになります。

この方針書こそが、その会社における「虎の巻」であり、会社運営の中核に位置するものとなります。この存在は極めて大きいものです。

しかし、これほど世に軽んじられているものもありません。ほとんどの会社に、方針書が存在していません。そのため多くの会社で、「各部門が自主的に動けない」、「部門間の調整ができない」、「迅速なトラブル対応ができない」ということを引き起こしています。方針のない状態、すなわち、会社の意思決定がない状態では、どんな優秀な管理者や社員でも動けなくなります。

方針書には、それまでの会社の知恵が蓄えられています。多くの時間と費用をかけて得た、上手くいったこと、上手くいかなかったことという経験があります。そして、その経験と社長の信念から導きだされた意思決定の書となります。そして、その方針書は、この先の新たな経験から更に育って行くことになります。

会社や経営者によって、業種も信念も異なるために、世の中にあるものを使用することはできません。また、使えば「軽いモノ」になります。管理者や社員に任せることもできません。彼らの役目は、あくまでも、その方針を受けての仕組みづくりと実行にあります。

この方針、すなわち、会社としての考え方を示さずに社員に依頼することを、「丸投げ」と言います。方針書の作成に向かわない、または、口頭で伝えることは、経営者の怠慢となります。

悪業績の原因は、この3つのどれかにある

各部門の目標を、実際に実現するために『行動計画』を作成します。何月に何をするのか、何月までに完成させるのか。イメージとしては、ビルディングの工事工程表そのものです。

計画とは、「目標を達成するために将来の行動をいま決めること」です。行動計画があることで、期が始まるとその実行に邁進することができます。そして、その進捗を、定例会議や都度の確認で管理していくことになります。計画を立てていることで、早いのか、遅いのかという想定とのズレがわかります。

毎月毎週というスパンで進捗の確認と修正を加えることで、1年後には計画通り目標が達成されます。「新規顧客○件開拓」と「新卒採用3名」という成果目標も、「ホームページのリニューアル」と「案件管理表の見直し」という仕組化目標も満たしていきます。社長の構想が、1年間分前進したことになります。

この設計―依頼―実行のサイクルを、組み立てることが必要です。このサイクルを、毎期回すことで、成果目標の達成と、仕組みが改善されることになります。その結果、確実な成長とスピードある展開が実現できるのです。

くどいようですが、このどの段階が欠けても駄目となります。『設計』の段階で儲けの構造が描けなければ、いくら実行がよくてもその成果は小さくなります。また方針がコロコロ変わるようでは、その都度部門は振り回されることになります。小さい組織であればまだしも、大きい組織では、それは非常に大きな不効率となります。

また、『依頼』により共通のイメージを、管理者や担当者の中に持たせることができなければ、彼らの働きは悪いものになります。自分たちが目指す完成形がわからないので、彼らは専門性を発揮することができません。正しく意図を理解していないのでは、課題を発見したり、先回りして動いたりすることもできません。依頼とは、イメージづくりであり、巻き込みなのです。

この依頼が下手な社長は多くいます。「作業を指示するだけで、目的を伝えない」、「自由にやっていいよ、という指示で社員が動けなくなる」、「自分がやったほうが早いとやってしまう。その結果、管理者や担当者に引き継げない」。

また、『実行』の管理ができないと、何も進まなくなります。毎期立てる目標が未達になります。また、決めたルールが一行に定着しません。そのため、その方針がよかったのか悪かったのかの答えを出せません。そして、社員は体を動かすだけになります。彼らは、「考えていない」という評価を受けることになります。

その結果として、現場で提供するサービスの品質に影響が出てくることになります。サービス型事業の場合、お客様からの要望やイレギュラーなことが日々起きます。マニュアルで機械的に判断できないことも多くあります。事業定義や方針が理解できていないとスタッフはお客様の突然の要望に、適切に対応できなくなります。お客様の要望に、「決まりですから」と画一的に答え、クレームになることもあります。

新しい作業手順やルールを展開するときにも、全体像と方針をセットで伝える必要があります。納得ができることで、定着もスムーズにいきます。

現在御社の業績が悪いのであれば、その原因は、『設計―依頼―実行』のどこかにあるはずです。

『設計』である儲かる事業モデルや方針が悪いのか。『依頼』ができていないために、その実行のスピードと精度が落ちているのか。または、その『実行』がしっかり管理できておらず、ほったらかしになっているのか。この３段階の内の、どれかになります。

この３つの段階のうち、自社に欠けているものを正しく認識し、再構築する必要があります。

2　社長がコントロールするべきものは、考え方と時間

大企業にはなくて、中小企業にあるものとは

食品メーカーM社長は、期末も近づいてきていることもあり、さっそく事業設計書づくりに手を付けました。やはり、今までのものとは全く異なるつくりのため、大変な時間がかかりました。期末までの３か月間では、時間が足りないと感じるほどです。

作成途中に、M社長は感想を述べられました。「いままで自分がいかに考えていなかったかが、わかりました」。この感想は、事業設計書づくりに励む社長からよくお聞きするものです。事業設計書では、事業戦略からターゲット顧客や客単価、集客方法などを具体的に書くことになります。

また、各方針についても、会社の中にあるすべての業務について決めることになります。ホームページにはどのような機能を持たせるのか。「大手企業からの問合わせを増やしたい。ホームペー

ジを見てもらうために○○サイトに有料で広告を出す」。当社の在庫はどうあるべきか。「売れ筋上位○割の商品は、○か月分を在庫で持つ。売れ方の季節変動が大きいため、いくら安くても基準以上のロット買いはしないこと」。

その対象について、すでに考えがまとまっていれば、短時間で書き上げることができます。全く考えたことがないものについては、相当な時間がかかることになります。それについての本を数冊読んだり、セミナーに参加したりが必要になります。また、関係部門に現状や意見をヒアリングすることも行います。

すぐには完成できない方針がある場合には、次のように進言をさせていただきます。「来期の目標の1つに、『在庫に関する方針書の作成』と入れておいて、その時期になったらしっかり取り組んでください」。

事業設計書は、完成度の高さよりも運用のほうが重要となります。完全でなくとも、そのときに意思決定できるものだけを成文化し、社員に配布説明をします。そして、社員とともにそれを実行に移し、その過程で事業設計書を育てていきます。

社員は、事業の特色や方針と、自分の仕事との繋がりを理解することができます。そして、この先も、どのように貢献したらよいのかがイメージできるのです。社員にとって、これは単純に嬉しくワクワクすることです。その分野について、自分で勉強することもできます。そして、自分の会社の未来に、安心することができます。

いまは、まだ大手企業のような条件で、彼らに報いてあげることはできません。しかし、社長が何を考えているのか、会社がどう変わっていくのか、を教えることはできます。そして、そこに参画してもらうことができます。逆にこれは大手企業ではあり得ないことです、中小企業だからこそと言えます。

社員の信頼を大きく損ねる社長の行動

彼らを、いち人間として、いちパートナーとして扱うことになります。そして、１つひとつ決めた方針や立てた目標を、一緒に実現していきます。その過程で、会社は一致団結した組織になっていきます。そして、その年月が、会社に対する信頼として積みあがっていきます。その信頼が更に組織を強くします。

これらの体系がなければ、社員はこれから会社がどう変わっていくのかが想像できません。そのため彼らは体を動かしながらも、本来仕事のために使う頭で、「転職しようか」と考えています。いつもそんな考えが頭をよぎります。自分の心が迷っているため、つらいのです。

夢物語のような大きなビジョンや数字も困ります。少なくともそこには、実現ができると思える戦略や方針が必要になります。毎期大きなものを掲げ達成しない。そして、新しい期には、また大きな目標を掲げられます。前期のあれは何だったのか、誰も口に出しません。これがもっとも社員の信頼を失うことになります。

社員は、「自社がよくなっている」という実感が欲しいのです。自分の仕事が少し効率化された。同僚と過ごす休憩場所がきれいになった。少し給与が上がった。このよくなっている実感が欲しいのです。崇高な理念でもなければ、大きな数字でもありません。

つらいのは、「毎期変わっていない」と感じることです。この作業は、不効率でつらいまま。休憩場所は、汚く暗い。給与は、今年も変わらなかった。同じような問題が何度も繰り返し起きます。その状態に疲れるのです。

会社には、成長サイクルが必要です。立てた方針や目標を、1つひとつ実現していきます。そして、そこで得た教訓やノウハウを、確実に事業設計書や仕組みに残していきます。

成長のサイクルを実直に回すことが、社員の安心につながります。その安心があって初めて、社員の創造力と自主的な行動が発揮されるのです。この成長サイクルを回せない限り、どんな取り組みも一過性のものとなります。

成長サイクルを毎期繰り返していきます。社員によって仕組みがよくなり、その仕組みにより更に効率はよくなります。その過程が、社員の能力も人間性も高めることになります。成長サイクルこそが、仕組みも社員をも育てる唯1つの『仕組み』と言えます。逆にこのサイクルを持たない会社は、極めて弱いと言えます。何も積み上がらず、社員を活躍も成長もさせられません。

事業設計書は、『時間』を担うものです。そこには、『これから先の構想』と、『過去の経験から得た知恵』が載っています。事業設計書により、組織は『時間』を取り入れることができます。

書かれた事業の特色を更に強めるために、継続的に各部門が取り組んでいけます。「取扱商品」や「在庫」や「育成」の方針が一貫性を与えてくれます。「ホームページの更新」や「設備の入替え」や「評価面談」などの定例業務に、担当部門を確実に向かわせます。決めたルールは記載され、定着が早くなります。

社長は、事業設計書を用いて、会社内の『時間』をコントロールすることができるのです。事業設計書により、組織を一貫して動かし、持続的に仕組みを発展させることができます。

方針発表会に外部の方をお招きしないほうがよい理由

仕組みとは「その瞬間に最適化されたもの」、組織とは「その仕組みをある方向に変化させるもの」、そして、事業設計書が「組織の成長サイクルを支える仕組み」になります。

M社長は、事業設計書を使って全社員に説明することを考えていました。「そのための会を、開いたほうがいいでしょうか」。私は「ぜひ」とお答えして、すぐに２つの条件を付け加えさせていただきました。

１つが、「外部の方をお招きしないこと」。そして、もう１つは、「管理者と主要な社員向けに、別の会を設けること」をお願いしました。

このような発表会に、外部の方をお招きするメリットは、もちろんあります。会に緊張感を持たせることができます。また、銀行や専門家の方に、今後の協力を依頼する場とすることができます。

しかし、デメリットも少なからずあります。それは、本来の会社の雰囲気ではなくなることです。発表者は固くなり、言葉数も熱量も減ることになります。そして、社員は、疑問があっても質問をしなくなります。

また、「外部に漏れてはいけない」、「銀行に本当のことは知られたくない」と、実際の状況や数字の説明をしないという本末転倒なことも起こります。

ただでさえ1回目は、大変です。依頼すなわち事業設計書の内容を落とし込むことに注力されることをおすすめしています。

もう1つの、「管理者と主要な社員向けの会」が、本当の会になります。現場スタッフまでを集めた会は、どうしても「決起大会的」な会になります。趣旨は、「皆さんわかりましたよね」という全員周知の認識づくりと、「今期もがんばろう」という意欲向上になります。

そのため、管理者や主要な社員へしっかりと『依頼（巻き込む）』する場が必要になります。方針を理解してもらい、スピードと精度のある実行に繋げることだけが趣旨の会です。意識の高いメンバー限定だからこそ、率直な質問と忌憚のない意見を出し合うことができます。

ここでは、実行のイメージを持てるまで、とことん行うことが必要です。また、事業設計書には書ききらない社長の狙いや経緯も話すことができます。

この場を設けることで、参加したメンバーに、一体感を持たせることができます。実行段階では、このメンバーが自主的に協力し合い、力強く進めてくれることになります。将来の幹部もこの中から育つことになります。

社長にとっては、後者の会のほうが断然重要になります。実際にほとんどの大手企業では、幹部だけにしか開催していません。全社的に開催しているところは、一部の新興企業ぐらいです。

全社員向けに行う会も、士気向上と帰属意識を高めることに有効なことには変わりがありません。特に、知的労働型業務に従事するスタッフに有効です。また、その会の写真は、広報や採用のためのイメージアップの素材としても使えます。

多くの中小企業が全社員向けの会は開き、「依頼」のための主要メンバーの会を行わないという、勿体ないことをやっています。来期に向けた発表会についても、会社としての明確な方針を持った上で、開催をしていくことが必要となります。

社員の成長の芽を潰す、M社長の「即答する」という習慣

期首から半年を過ぎた頃、M社長から社内の状況について、ご報告をいただきました。「以前とは違い、深いレベルで社員とコミュニケーションが取れていることを感じます」。方針や仕組みについて、管理者や社員と活発な意見交換ができるようになりました。

M社長は、いままでの社員との会話は、自分が一方的に話してばかりだったと反省をしました。起きた問題の解決策を決める場合、M社長が独り言のように原因の分析から立案をし、それをその場で決定してきました。その横で社員は、頷きや賛同の相槌を入れているだけでした。

彼らの聞く姿勢は、社長からの指示を理解しようとするレベルのものです。自分で解決の糸口を見つけるという意識はありません。ここでも考える機会を奪っていたのです。

それから、M社長は、社員とのコミュニケーションの取り方を変えるようにしました。社員が何かを訊いてきても、緊急時以外は、すぐには答えないようにします。そのときには、「君の考えを聞かせてほしい」と返します。

習慣とは恐ろしいものです。この社長の返しに、ほとんどの社員が、ぽかんと口を開けたままフリーズをするのです。それでも辛抱づよく、この「質問返し」を続けていると、社員にも「自分の考えを述べなければ」という意識が芽生えだしたのです。

その社員の意見を聴けば、その業務の趣旨や方針をしっかり理解しているかどうかがわかります。また、優秀さを測ることもできます。

同じ意見であれば、「さすが!」と言って、彼らの手柄とすることができます。また、その意見の中には、社長でも思い浮かばないものが沢山出てくるようになりました。現場で働く者、それを専門とする者しか、出せないアイデアが得られるのです。

社長が即答することで、彼らの考える力どころか、彼らの手柄とやる気まで奪っていました。そして、組織の分業の力を貶めていたのです。新商品のアイデアや製造の効率化など、儲けの機会を潰していたと反省したのです。M社長に、「社長という役割には、しゃべらないという強い自制が常に必要です」とお教えいただきました。

M社：問題が起きると丸テーブルに集まるようになる

事業設計の発表会や社長のコミュニケーションの変更の甲斐もあり、徐々に社員がしっかり意見をするようになってきました。やはり元々の能力はあったのです。

何か問題が起きると、すぐにその担当者が関係部門を招集し、打合わせをするまでになっていました。「ちょうどあの場所ですよ」と、M社長の指の先には丸テーブルがあります。

私が最初に訪問したときに、沢山の書類やサンプル品が、山になっていたテーブルです。その雑然としていたものは、昔のヒット商品に関するものでした。その当時のことに触れたくない、そして、あのときの気持ちを忘れたくないこともあり、そのままにされていたのです。

丸テーブルは、片づけをされ、部屋の真ん中に移動されています。このときも、４名が打合わせをしています。そのうちの２人は白衣を着ています。

１か月ほど前に、社員から「丸テーブルを打合わせの場として使用したいから、片づけてよいか」と求められたのです。M社長は、自らその上のものを１つひとつ確認しながら廃棄をし、片づけました。それから、いまの位置に移動され、打合わせスペースとなったのです。ちょうど４、５名が座れる大きさです。

M社長は、この件でも、いままでの自社の「異常さ」に気づくことになりました。いままでの個人の課題解決のプロセスには、打合わせのスペースなど、必要性がなかったのです。そのため会議室やホワイトボードなどの設備は、設けてはいませんでした。

いままでは、打合わせのスペースがないなど考えられません。丸テーブルで、関係者が集まり、問題の分析から対策の立案まで行われます。いままでの個人でのプロセスよりも時間はかかりますが、検討の精度もその後の実行力も高くなります。

その丸テーブルこそが、その後できるM社の「皆で考える」という社風の中心になっていたのです。丸テーブルから、5メートルぐらいのところにM社長の机があります。M社長、目を細め言われます。「この丸テーブルを入れた狙いが、やっと叶いました。社員が真剣に話し合いをしている風景が、この会社で見られるのが本当に嬉しいです」。

儲かる事業の設計をする書

組織づくりと最速の成長を実現するためのツールが、『事業設計書』となります。社長がコントロールすべきものは、『考え方』と『時間』なのです。

中小企業の抱える問題は、この2つに対する取り組みが弱いことに多くは起因しています。そこに、サービス型事業と知的労働者という特性が拍車をかけています。

社長としての儲けるための事業の構想を成文化したものが『事業設計書』となります。1つの事柄について、行動の方向づけや条件を示したものが『方針書』になります。成果目標と仕組化目標の実行計画をまとめたものが『行動計画書』です。そして、各仕組みの目的と具体的な手順をまとめたものが『業務マニュアル』となります。

これらのものは、すべてが『考え方』なのです。そして、これらは、事業理念によって貫かれることになります。すべては「誰に、どんなサービスで、どう貢献するか」を実現することを目的に存在しています。

これらの『考え方』を実現するために、組織がつくられていきます。そして、この先も自社のステージや環境に合わせ、成長させるために『時間』をコントロールしているのです。ビルディング建設において、設計書の実現のためにチームが編成されます。そして、工程表に沿って、工事は進められていきます。設計書と工程表なしで、ビルディングが建設されることはありません。

設計書と工程表によりビルディング建設のプロジェクトがつくられるのです。同様に、『事業設計書』により、組織が編成されます。そして、『行動計画書』により、事業を構成する１つひとつが現実につくられていきます。事業設計書と行動計画書なしに、組織ができることも、組織が機能することも、そして、強い事業ができることもあり得ないのです。

当社では、「儲かる事業を設計する」という概念から、『事業設計書』という言葉を使用しています。経営計画書という言葉ではその概念が正しく表現されないこと、また、世の多くの経営者に形成された言葉のイメージの「悪さ」があります。

経営計画書と聞くと、「数字」を思い浮かばれる方が多くいます。それは、間違いと言えます。

経営に関する書の大部分は、「文字」で構成されます。考え方は文字でしか表現ができないからです。設計の中の収益構造や投資計画などは、数字を加えることで、具体性を持たせます。

実行段階の管理で使用する「数字」はあくまでも、その進捗の尺度となります。施策の成果を、予測値と実績値の差で検証するための係数といえます。

本書における事業設計書という言葉を、経営計画書と読み替えていただいてもなんら問題はありません。

修学旅行以下の会社が多すぎる

事業設計書と組織の関係を、正しくイメージしていただくために、私は「修学旅行のしおり」という例で説明をさせていただいています。

修学旅行のしおりには、その旅行の目的が書かれています。そして、各行事の趣旨や見学先で何を学ぶかも書かれています。他には、参加のための心構え、修学旅行期間中の注意事項、役割分担、スケジュール、そして、いざというときの対応方法も書かれています。

事前にしおりを使って、生徒に説明をします。生徒は、その目的や趣旨を理解することで、学びをしっかり得ることができます。また、その説明を受けて、自分たちの班での企画や訪問先を検討することもできます。

修学旅行では、数十人、数百人という人数を、しおりを使って統制を取っています。しおりによって、旅程もスムーズで、安全に見学や移動をすることができます。

もし、しおりがなかったらどうでしょうか。到底、統制は取れなくなります。学ぶことはバラバラになり、浅くもなります。スケジュールも守られません。トラブルも起きやすくなります。

もし自分の子の学校には、「修学旅行にしおりはない」と聞かされたらどう思うでしょうか。そして、実際に何かがあったときには、その責任を問うはずです。私は、敢えて少し厳しい表現を使っています。「修学旅行以下の会社が多すぎる」。

数日間の修学旅行のために、先生方は、沢山の手間と時間をその準備にかけます。多くの関係者と調整をとり、あらゆる事態を想定し計画を練ります。

必ず、前年度とは条件は変わっています。集合場所の駅が工事中である、スマホや電子マネーの使用条件をどうするかもあります。そして、実際に下見を行い、再度しおりの見直しを行います。その結果できあがったしおりは、30ページほどにはなっています。

我々が経営している会社は、どうでしょうか。どれぐらいの想定を重ね、1年をスタートしているでしょうか。そして、どれぐらいの書面を準備して、社員に今期の目標や各施策の趣旨を説明しているでしょうか。

先生方が、生徒の学びと安全に責任を持つように、我々も会社の発展と社員の人生に対し責任があります。30ページの修学旅行のしおりに対し、私たちの会社の『しおり』は、何ページが適切でしょうか。

社長が代わっても、管理者が代わっても、知恵が引き継がれる仕組み

そして、先生方は、修学旅行から帰ると、必ず振り返りを行います。起こった問題や想定とずれたことの分析を行います。そして、来年に向けてどうするべきかを記録に残しておきます。次年度担当になった先生は、その前年のしおりと引継事項を確認して、準備にかかります。このように修学旅行のノウハウは、しおりにより引き継がれていきます。先生も生徒も、入れ替わっていきます。しかし、しおりは残っていきます。しおりが育っていくのです。

我々の会社においてしおりの役目を果たすものが、『事業設計書』となります。事業設計書には、その会社における方針や約束事が書かれています。それが、引き継がれていきます。その一部分の内容は、変わることなく残っていきます。また一部分は修正され、また一部は削除されます。毎期の経験から、成長していくのです。

社長が代わっても、その事業設計書が、多くを引き継いでくれます。管理者や社員も入れ替わっていきます。

それでも、その時間により鍛えられた事業設計書とその効果は引き継がれるのです。そして、それがいつしか社風となってきます。

事業設計書は時間を越えるツールです。事業設計書により、組織がつくられていきます。修学旅行にしおりが必要なように、我々には事業設計書が必要なのです。

活用されない経営計画書の３大特徴

事業設計書は、必ず2部構成になります。『設計』と『実行』という2つの部分です。設計の部分には、儲かる事業の構想が描かれています。そこには、事業モデル全体から戦略や方針までが書かれています。それを読めば、どうやって儲けるのか、どうやって事業を拡大していくのかがわかります。

そして、その実行計画書がつきます。そこには、今期の「成果目標」と「仕組化目標」の2種類の目標と、その達成までの行動のスケジュールが載っています。

事業設計書（正しい経営計画書）を英語で表現すると、その本質がよくわかります。「Design」と「Project」になります。「儲かる構造を設計する」部分は、Designと表現できます。そして、「チームで協力し実行する」部分は、Projectになります。まさに、ビルディングの設計と施工です。

正確に訳すれば、Business Design ＆ Projectになります。経営計画書を「Management Plan」(Management：管理　Plan：計画）と理解すると、全く間違ったものになります。

事業設計書を作成し、それを基に経営を行えば、組織をつくることができます。そして、すべての実行のスピードも精度も大きく上げることができます。

しかし、残念なことに、多くの会社では、「経営計画書」を作成しても組織はできず、大きな変化がありません。それどころか、運用もされずに終わっています。その理由は、『間違った経営計画書のつくり』をしているからだと言えます。まず、経営計画書をつくる目的を正しく認識していない会社は、非常に多くあります。そのために、本来のつくり方とは、大きく外れてしまっているのです。つくりが間違っているために、当然、活用もできません。

食品メーカーM社も、経営計画書を作成していました。最初に作成してから5年が経っています。借り入れもあり、銀行への提出のためにも必要でした。毎年期初に作成し配布するものの、社員全員が、そのまま引出しに仕舞っている状態です。M社長自身の経営計画書でさえも、期末まできれいなままでした。それでもM社長は、「世の中的には、必要と言うことになっている。そういうものか」と、毎期つくっていたのです。

当社がサンプルとして提供している事業設計書を見て、多くの社長は驚かれます。M社長もそうでした。「これが、本来のものなのですね」。そして、言われます。「本当にしおりみたいですね。これなら、つくれそうです」。

多くの社長にとって、普段から考えている事業の展開や方針をまとめることのほうが、断然つくりやすいのです。また、そのつくる目的も納得がいき、社員の動きや会社の雰囲気によい影響を与えることが想像できます。そのため、正しい経営計画書、すなわち事業設計書を知った社長は、全員がすぐに取りかかることができます

経営計画書をつくる気がしないのは、その効果が想像できないからです。その手に取った書籍やサンプルが、根本的に間違っていたからなのです。きれいに製作しても、活用されることはありま

せん。残念なことに、それが世の「経営計画書をつくっても、意味がない」という低い評価にまでなっています。正しい概念を持って、書籍やサンプルを選ぶことが必要です。

活用されない経営計画書のパターンは大きく３つあります。

①思い先行型

理念や社員の行動規範、幸せの定義などにページの多くを割いています。その反面、具体的な儲けるための戦略や方針が薄い傾向にあります。このような会社では、経営理念の浸透や社員教育に力を入れています。しかし、それも大きな成果につながっていないのが実情です。

②方針曖昧型

理念から事業戦略、数字計画など、一様に揃っています。しかし、方針全般に具体性が欠けています。また、目標もスローガンのようです。どこかで勉強してきたことや、本で読んだ一般的な理論が並んでいます。勉強熱心な社長が、自社の方針を模索している状態で、よく現れる現象です。

③数字しっかり型

税理士や銀行主導で、作成すると多いパターンです。損益計算書や資金繰り計画などはしっかりできています。しかし、その数字の根拠である事業戦略や方針が、ほとんどありません。

実は、作成を手伝う税理士も、社長から具体的な事業の方針の話が出てこないと、困っているケースは多くあります。その結果、「とりあえず売上は昨年対比○％増」という設定をすることになります。そして、経費は、現状の数字をいじるだけになります。

これらが、悪いわけでは決してありません。中小企業で経営計画書があることも、それに取り組もうという姿勢も、素晴らしいのです。それぞれに不足しているものさえ加えれば、十分に活用できるものになります。

次の第5章では、組織の実行力を高めるためのポイントをご説明します。

まとめ

・「サービス型事業の展開」と「知的労働者の活用」の仕方を覚える必要がある。
・事業の成長のためには、「設計：完成のイメージを描く」、「依頼：イメージを共有する」、「実行：実現のために行動を管理する」という、3段階を踏む必要がある。
・社長は自ら文章を書くこと。その過程により、多くの課題の発見とアイデアが生まれる。その効果は、実行段階での多くの無駄を省く。
・儲けるための事業や戦略の設計を載せた『事業設計書』。1つの事柄について、持続的な方向づけをしたものが『方針書』。その実行計画をまとめたものが『実行計画書』。各仕組みの目的と具体的な手順をまとめたものが『業務マニュアル』。これらは事業理念により貫かれる。
・修学旅行はしおりにより、組織の統制と知恵の承継を得ている。同様に会社は、事業設計書により、それらを得る。社長は、事業設計書により『考え方』と『時間』をコントロールすること。
・事業設計書により、組織はつくられる。

第5章

社長が絶対に押さえるべき実行の要所

優秀なはずの営業課長A君は、なぜ管理者として機能しないのか

自社の事業の形が決まると、M社は、〇〇売り場に対し営業を開始しました。狙い通りに、ある一定の率で商談に移ることができます。売上は徐々に増えてきていました。予想通り、狙ったサービスを安定的に提供するため、そして、その増える量に合わせ社内の仕組みをつくり変える必要性に駆られることになりました。

M社長は、各部門に仕組みの改善を依頼します。この状況になると、どの社員が考えているのか、どの社員が積極的にこちらに関わりたいのか、それが明確に見えるようになってきます。また、管理者の中でも、「本当に管理者かどうか」もわかってきました。仕組みをつくり変えることができるかどうかというのは、やはり大きな境目になります。

そんな管理者の中の1人のA君について、不満に思っていました。A君は新卒で入社し、社長の下で営業に帆走してきた社員です。彼も30歳を超えています。社長はA君に対し、管理者の能力があると確信を持っていました。しかし、営業課長として任命したものの、思ったほどの動きをしていません。「もっとA君なら、やれるはずなのですが。どうも課長になってから、積極さを感じません」。

営業課長A君の下には、2名の部下がいます。成果の思わしくない部下に、突っ込んだアドバイスをしません。また、案件の進みに対してもフォローが弱く、遅れ気味です。A君自身がそんなや

り方をしてこなかっただけに、もっと言いたいことはあるはずです。

私は、その様子を御聞きして、１つ進言をさせていただきました。「ぜひ一度、時間をつくってA君と、面談をしてみてください」。優秀な人は、必ず自身の課題を正しく認識しています。それを聞くためにも、機会をつくってくださいとお願いをしました。それに対しM社長は言われます。「あまり面談の必要性は感じないのですが。先日も2人で打合わせをしていますし、移動の車の中でも数時間一緒でした」。

それなら尚更、しっかり「アポ」をとって面談をすることをすすめました。それから、１週間後、M社長からメールが来ました。「A課長、正直に話してくれました。課長に任命されたのは嬉しいが、課長とは何をするものなのかわからない。その動きのイメージがつかめないそうです」。

依頼とは、相手のイメージづくりを助ける行為

社長は、誰かに動いてもらい、何かを実現していく、この力を持つ必要があります。自分以外の人の思考と、自分にはないその人の専門性を使えることで、やれることが各段に広がります。そして、そのスピードも早くなります。その結果、大きな組織を動かし、大きな事業を回せるようになります。

逆に、このやり方を覚えないと、全く進まないことになります。こちらが意図したことと違うことを社員がやっています。その行動の精度も悪くスピードも遅い状態です。

組織どころか、ただ1人も動かせてない現状があります。まずは1人の人間を動かして、成果を出すということを覚えなければなりません。

人の力で目標の達成や仕組みの改善という成果を出すためには、次の2つの段階を踏むことが必要となります。『仕事の依頼』と『実行の管理』です。依頼と実行、それによって1つのことが進んでいきます。

社員に動いてもらうためには、その本人に、次の2つのイメージを持たせる必要があります。『目標の完成時のイメージ』と『明日から自分がどう行動するのかというイメージ』です。

「どのような書類を作成するのか」、「展示会でどのような成果を得たいのか」という完成のイメージがあることで、その手段を自分で考えられるようになります。また、「2日後までに企画書をまとめる」それから「参加する展示会候補を3つリストアップする」のような具体性があることで、スムーズに行動に移ることができます。

仕事を依頼するということは、その本人の中のイメージづくりを手伝うことを意味します。社長の持っているイメージと本人のイメージを合わせることで、期待する成果と実行の精度とスピードを得られます。

これを、社員の中での『設計』ということができます。その本人の中に、イメージが完全にできるまで、付き合うことになります。質問を受けたり、指示を復唱させたりの手間を省いてはいけません。そして、その動いた結果を見て、すぐに次の指示を出すことができます。

仕事をしっかり依頼するということは、相手に対する誠実さの現れでもあります。業務を受け持つその社員は、それによりその業務の重要性と自分への期待を感じることができます。余計なことをやらなくて済み、行動はしやすく、その精度も高くなります。1回経験することで、本人は次からその業務を1人でできるようになります。

また、「目標の立て方」と「目標を具体的な行動に落とすやり方」という、管理者としての基礎能力が付きます。その能力が自分にあるからこそ、部下に指導することができます。

未熟な社員を育てる方法

我々は、「人を動かす」というプロであり、「人を育てる」プロである必要があります。そのためには、『社員との距離の取り方』が重要になります。その相手の仕事の状況、性格、能力や経験などを観て、依頼の方法やフォローの頻度を調整することをします。

優秀でやる気のある社員であれば、目標だけ与え、丸投げに近い状態で事が進んでいきます。わからなければ、自ら調べたり、聞きに来たりしてくれます。また、そのためのモチベーションを自分でケアすることをします。途中や完了報告も漏れることはありません。

しかし、そのような社員は、自社どころか、世の中にも多くはありません。素養のある社員を採用し、育てることをします。

少し頑張らなければできない仕事を与えます。やる気を維持し、取り組めるようにサポートします。また、「道具は何を使うのか」、「報告はどのようにしてほしいか」などの、進め方をすべて確認します。1つその仕事をやりきれば、その社員の能力になり、自信になります。そして、もう少し難しい仕事を与えます。その繰返しで、人を育てていきます。

小さい規模のうちは、社長と社員の間でそれを行っていきます。この先は、その関係が各部門で行われるようにしていきます。部長と課長、課長と主任、主任と新人、すべてのところで『依頼と実行の確認』がされ、人が育っていきます。

そのためにも、まずは社長が「人の育成方法」を彼らに体験させることです。自分が受けたことが彼らの中に、「部下の育成方法」のイメージをつくることになります。

M社長は、早速A君に対する依頼事項を書面にまとめました。今期達成してほしい目標と、改善してほしい仕組みとして「見積業務の標準化」をあげました。

また、営業部の課長として継続的に取り組んでほしいことも成文化しました。「社内で一番のスピードを持って動いてほしい」、「お客様からの要望だけでなく、問合せもすべて知らせてください」。その中に、部下に対する指導のあり方も加えました。それを持ってA君と再度面談をしたのです。

その面談の後A君は感想を言いました。「これが私のやることなのですね」。そして感謝をされてしまいました。「ありがとうございます社長、わざわざ私のために」。これにはM社長も恐縮をしました。

自社を大きくするときには、管理者というポジションのイメージを意図してつくっていく必要があります。大手企業では、すでに管理者は機能しており、モデルとなります。我々中小企業では、管理者がおらず、自分の上は社長になるため、イメージが形成されないのです。

その意図を持たずに、管理者を増やせば、いまの管理者に倣って、次の管理者までもが「作業員化」することは容易に想像がつきます。その結果、社長以下横一線の文鎮型組織のままになります。早い段階で、見本となる管理者のモデルをつくっておきたいところです。

M社長は素晴らしく適切な質問をしました。「矢田先生、この書面を使って依頼することを、半年に1回ぐらいは行ったほうがいいですね」。

これが、多くの会社で取り入れられている定期面談制度となります。その面談の場で行うことも、『実行の確認』と『次の依頼』になります。半期の実行状況を確認し、よかった点と改善してほしい点を伝えます。そして、次の半期に取り組んでほしい目標や行動を依頼します。

定期面談の結果を、人事評価に使うことができます。給与や賞与という処遇変更や昇進（降格）の根拠となります。

その後、M社長の期待通り、A君はその力を発揮するようになりました。2人の部下に対し、褒めながらも、上手に改善点を伝えています。アドバイスも具体性があり、彼らの営業の成果もでるようになってきました。

あれ以来、わからないことがあると、M社長に「さらに早く」相談をしてくるようになりました。見積業務の標準化のために案をもってきます。その作成のために、製造ラインに出向き工数を確認したり、専門書を買って調べたりしています。それは正に頼もしいパートナーです。「その分野のプロフェッショナル」に外注したような感じを持ちます。

そして、A君からの提案がありました。「社長、同じものを営業部の部下にも、つくりたいのですが」。A課長への依頼書のことです。それはよいことだと、早速つくることにしました。M社長もこのころには、掴めてきていました。A君に、その草案をつくるように依頼をしたのです。

適正に「追い込んであげること」で、社員はその力を発揮する

人は1つのことに打ち込んでいるときに、すごい力を発揮します。毎日の思考も行動も、その1つの実現のために向かっています。その結果、素晴らしいアイデアが得られます。そして、それに向けて能力が高められることになります。

逆に、多くのことをやれば、その意識も力も分散することになります。どれもが中途半端になります。集中こそが、凡人を偉人にするのです。スポーツ選手、科学者、受験生、彼らは1つのことに集中しています。その他の多くを捨て、それに注力することで、初めてそれを得ることができるのです。

我々も、この原則を、組織に適用することになります。組織としても、1つの事業に集中します。その事業に向けて、組織のすべてを最適化させることになります。その結果、他社が追随できないほどの「からくり」をつくることができます。そして、さらに注力することで、一番を取りにいき

ます。

この原則を、組織内にも適用することになります。それが『分業』と『目標』です。各部門や担当者に、社内にある関連する業務を集め担ってもらいます。その分野において、高い効率性と専門性を追求してもらいます。分業することで、その業務のプロフェッショナルとなってもらいます。

自社の特色を支える開発や改善の積み上げが、これからの業績に大きな影響を与えます。そのため、マーケティングや商品開発、生産技術などの専門性の高い業務ほど、専業が理想になります。また、分業を細かくできると、よりその分野に特化した人材を使うことができます。コミュニケーション能力やバランスに少し欠ける人でも、その高い専門性を活かす場を、社内につくり出すことができます。

さらに、難易度の低い業務をつくり出すこともできます。そこを新人の基礎訓練の場としたり、短時間労働者や嘱託社員を配属したりすることもできます。外注活用という選択肢も広がります。

そして、目標を与えます。「既存客に重点的に○○商品を販売してください」、「○○の商品化を進めてください」。この目標は、精査され選ばれたものであり、事業の発展のためには、絶対に達成が必要なものです。集中して取り組んでもらうことで、成果とスピードを出してもらいます。

製薬会社では、新薬の開発のために、それに特化した人材を採用します。そして、研究棟をつくり、ただ1つのテーマを与えます。大手企業では、新規事業立ち上げのために社長直轄の専門チームをつくります。それにより、彼らの「専念」を守ることをします。

1人の担当者に1つの目標が理想です。1人に、2つ、3つ、4つと目標を与えるほど、その人は迷い出します。その力も心も分散し、どれもが中途半端になります。また、「やらない言い訳」を与えることになります。

そのときにも、会社として、「なぜそれが必要なのか」という意義をしっかり伝えます。そして、その行動計画を共有し、その進捗をサポートします。

分業も目標も、その本質は、『追い込み』にあります。その業務その目標に追い込むことで、その担当者は集中することができます。それを担うために、すべての時間すべての意識を使うことができます。

スペシャリストを上手に使えない会社の失敗パターン

この追い込みを、自ら崩している会社は多くあります。その典型が多能工です。多能工とは、主に製造業において、1人のスタッフが、複数の業務や工程をできるようにすることを指します。

日本の製造業には、小ロット・多品種・短納期が求められます。多能工のスタッフを多数持つことで、フレキシブルに生産体制を変更できるようになります。

これを、労働時間と生産性の関連性が低い知的労働型の社員や管理者まで、適用をしてしまうのです。多能工化の名のもとに、デザイン担当者に配送業務をやらせます。「現場主義」の名のもとに、管理者に現場作業をやらせたりする会社もあります。

受注量に合わせ人員を配置できるという目先のメリットはあるものの、その人材の能力はもちろんのこと、会社の未来を犠牲にすることになります。

デザイン担当者は、その分野に興味があり、そのために生きてきた人と言えます。そもそもの適性のない配送業務は、その人にとって苦痛でしかありません。また、知的労働者は、思考の中断を非常に嫌うものです。アイデアは、考え続ける間に、そして、手を動かしている間に、突然降ってくるものなのです。

管理者も同様に、その能力も思考も何かしらの管理に適性があります。だからこそ、その役職に任命したのです。現場作業をやらせれば、その能力もやる気も、そして、その人件費も見合わなくなります。

また、情報共有を理由に、多くの会議に参加させようとします。多くのことに関わらせる、多くの目標を与えることで、彼らへの追い込みが崩れていきます。彼らの中の、優先順位が壊れてしまうのです。

知的労働者、管理者に多くをやらせることは、間違いです。本当に重要な目標を与え、それだけに向かわせます。

我々は、追い込みのために「組織内を分業する」と「目標を与えている」ことを忘れてはいけません。それにより、社員は力を発揮しやすくなります。その成果こそが、会社の未来を大きく変えることになります。

社員に指示を出すときの2つのポイント

目標を設定するときには、『担当者』と『期限』を明確にすることが必要です。これをすることで、正しく追い込むことができます。

目標を依頼するときによくやってしまうのが、「みんなで」とか「営業部全員」というものです。これでは追い込みになりません。目標というものは、『個人名』がついたときに、初めて動き出すのです。「これは、君がやるのだ」と、指で指し名前を呼ぶイメージです。これによって初めて、その人は、自分がやらなければと覚悟を決めることができます。その覚悟が生まれることで、初めて頭が動き出します。

これを「全員で考えましょう」と言っていては、誰にも覚悟は生まれません。心の中で誰かが考えてくれる、自分がやらなくてもよい、という思いが残ります。そのため、誰もが考えていない状態になります。

また「期限がない」という状態は、後回しにする選択権を与えることになります。毎日、期限の迫った仕事がどんどん入ってきます。その中で、『重要性は高いが緊急性がないもの』は後回しになっていきます。

その結果、根本的な仕組化の取り組みがされないことになります。今期は問題にならなくても、来期また来々期には、確実に大きな問題になってきます。完全に対策が後手に回ることになります。経営としては、先回りして仕組みに手を打っておきたいところです。その担当者は、忙しいことを理由にします。それをさせないためにも、「君はこれだけをやってくれ」そして「この期限で仕上げてくれ」と明確に伝える必要があるのです。

人を使うのが下手な社長は、この追い込みが下手な傾向があります。遠慮してか担当者名を名指しにしません。「できるだけ急いでほしい」と期限も曖昧です。目標が進まないだけでなく、その担当者も、覚悟がゆらぐだけ苦しむことになります。

当然優秀な社員は、ほっといてもやります。彼らは自分で自分を追い込むことを知っています。「〇日までに送ります」と期限を宣言します。

世の中の多くの人には、正しく追い込んであげることが必要です。

誰しもが「楽（らく）」なほうに流されやすいのです。しかし、楽して何かが成し遂げられることなどないのです。

我々の会社は、そのような人でも活躍できる場なのです。レベル10の人でないと活躍できない会社ではありません。レベル7でも、レベル5の人でも、活躍できる場なのです。我々の会社は、レベル5の人でも、大きな成果を出させるようにいま整えているのです。

それが仕組みであり、分業であり、目標なのです。レベル5の人を多く集め、活躍できる組織であれば、その事業の展開も成長のスピードも素晴らしいものになります。

生産性１３００万円以上あって儲かっていない製造業Ｆ社の長すぎる会議

「当社の会議を観てください」というご依頼を受け、訪問をしました。大きな会議室に通されます。その会議は、昼一番から始まりました。参加人数は、25名ほどいます。社員１３０名の会社の、月に一度の会議では、やや多いと感じる人数です。

全員起立をしての経営理念の唱和が終わり、Ｆ社長が話を始めます。「皆さん、先月は、ご尽力ありがとうございました。皆さんの頑張りのお陰で、単月で過去最高の売上を記録しました」。そして、各部の報告が始まります。私の手元にも、会議の資料があります。その資料を拝見して、私には、会議の長い理由が予測できました。

前半の時間帯で報告する部門に対しては、社長も他の管理者からも意見が出てきます。休憩をはさむと、残り時間を気にして意見を控えるようになります。そして、いつも通り30分延長しての16時30分に、会議が終わりました。皆さん疲れ切っており、とぼとぼ出ていきます。

Ｆ社長と専務に連れられ、社長室に移ります。専務が口を開きます。

「矢田先生、いかがでしょうか。何がいけないのでしょうか」。

社長も専務も、自社の会議がよくないことは、十分にわかっています。そのため、管理者全員で会議運営の研修を受けたこともあります。コミュニケーションのコンサルタントの指導を受け、会議のルールも制定しました。それでも、大きく改善されることもなく、今日まで、締まりのない会議を続けてきたのです。

会議に関する課題は、事前に聞いていたとおりです。まずは、「会議が長い」、社内すべての会議にその傾向があるとのことでした。そして、「各部の報告が、だらだらモゾモゾで要点を得ていない」、誰かが報告をしているときには、他の管理者は下を向いています。

また、「各部門からの書類が多い」のです。一部門からの資料で、最低でも5枚はあります。多い部門では10枚近くあります。きっと資料の準備にも、多くの時間が使われていることが予測されます。

1つの部門の報告に対して、誰からも意見が出ません。専務の目配せで、司会者が指名して、やっと口を開きます。「この件は、前回と違うことを言っていますよね」や「この数字は間違っていませんか」と、出てくる意見は、揚げ足を取るようなものばかりです。

私は、他に起こっている現象を推測し、お訊きします。「社内で開かれる会議の数も、多くないですか?」これに対し、お2人とも、頭を縦に振ります。そして、「毎期の目標の未達が常習化していませんか?」。こちらも、頷かれます。

このとき、F社は、年商40億円近くありました。量産型の製造業ではあるものの、粗利率は45％あります。生産性を確認すると、1，３００万円を超えています。パートや実習生を頭数に入れての数値です。優良企業と言えます。

しかし、専務は、嘆いていました。「実は、うちは儲かっていません。毎期ギリギリです。銀行の手前、なんとか黒字に持っていっている状態です」。

1人当たり粗利1，300万円あげています。これは、F社長の出した事業戦略がよいことを意味しています。他社と競争をしない市場を創造できているからこそ、この粗利率と粗利高が、確保できているのです。内部効率が、悪いことが予測されます。

会社における会議の種類は3つ

よく受けるご質問に、「会議とは何のためにやるのか」と言うものがあります。

このような質問をする会社では、次のような会議が毎日繰り返されています。「会議中ほとんどを社長1人が話している」、「議論がすぐに脱線する」、「何が決まったのかわからない」、「決定事項が忘れ去られる」、「数回開催すると、自然消滅する」。

会議の生産性が、非常に低いものになっています。その一番の原因は、『行動計画書』がないことにあります。会議では、「進捗状況の確認」をし、「課題解決のための意思決定」を行い、「次の行動」を明確にします。この中心になるのが『行動計画書』となります。

この会議を定期的に開催することで、計画はその時々に修正され、進むことになります。行動計画書がなければ、会議を開く理由はありません。

会議の種類は、『進捗確認会議』、『課題解決会議』、『情報共有会議』の大きくは3つになります。

何か問題が起きると課題解決のために、アイデア会議や対策会議などと呼ばれる『課題解決会議』

が開かれます。この会議では、1つのテーマを重点的に話し合います。解決の方向性を決め、その企画や実行のスケジュールを作成します。

そこで決定した目標とスケジュールは、上長の承認を得て、『行動計画書』に入れられます。そして、定期に開催される『進捗確認会議』で管理されることになります。必要であれば、その決定事項を関係者に知らせるために、『情報共有会議』を開催することになります。

国際認証機関の標準書式では、何も進まない、何も変わらない

会社内に存在する会議のほとんどが、進捗確認会議になります。役員会議、会社全体の月例会議、営業部や製作部の週の会議も、主にやることは進捗の確認になります。

残りが、「商品開発のためのアイデア出し」や、「不良品の対策」などの課題解決会議になります。または、方針発表会や全体朝礼などの情報共有会議になります。

私は、F社長と専務に、これらの基本的なことをご説明しました。お2人とも、自社に欠けているものを、すぐにご理解されました。「当社には、行動計画書があるようで、ありません」。

そう言われて、分厚いバインダーから1枚の書類を出されました。それは、行動計画書とは、似て異なるものです。そこにあるのは、ある国際認定機関の標準である書類です。それには、検査などの「頻度」と「維持数字」が載っています。

事業を管理する『行動計画書』には、『成果目標のための行動計画』と『仕組化目標のための行

動計画』が表されることになります。この行動計画書により、「展示会への参加」や「メニューの更新」、「設備のメンテナンス」が、確実に行われます。また、「生産管理システムの入替え」や「在庫管理の方針書作成」という仕組みが、できあがっていきます。

商品開発や大型設備の入替えなどは、重要プロジェクトとして、別の行動計画書を作成し管理します。本業は、各部門の案件一覧表や顧客データベース、定期訪問管理表、入金管理表で管理することになります。

前章において、組織においては「考え方」と「時間」のコントロールが、重要であるというご説明をしました。その時間を担うものが行動計画書となります。そして、その管理の要となるのが定例の会議です。すなわち進捗確認会議になります。

多くの会社が、行動計画書がなく、会議運営の基本もできていないために、時間をコントロールできていません。そのため、「誰かが言い出さないとされない」、「見直しをしない」、「決まったことが定着しない」という状態になります。人は忘れる生き物です。人の記憶や主体性に頼らない仕組みをつくっておく必要があります。

毎期の目標の未達が常習化する根本原因とは

F社に欠けていたのは、具体的な目標とその過程を管理する行動計画書です。期の目標の欄を見ると、『目標』と呼べるものはありません。「○○の分野でNO1をとる」、「日の生産を○○t増産！」、

「差別化レベルの品質と納期を実現する」というスローガンが並んでいます。

それを「どのように実現するのか」という、具体的な方針まで示されていません。また、「今期は、何の仕組みを直すのか」という、目標の形に表現できていません。そして、「何月に何をするのか」という形で行動計画にまで落とされていないのです。

Ｆ社では、毎期、このようなスローガンだけが掲げられてきました。そこに、目標も方針も行動計画もありません。そのため、各部門は「何もすることがなかった」のです。その結果、根本的に課題が解決されることはありませんでした。

問題が起こったときに取られるのは、「対処」となります。日々起こる問題に対し、その時々に対応するだけです。根本的な対策が取られないために、何度も同じ問題が起こります。そのたびに、お客様へのお詫びや生産計画の組み直しとなります。不良品の発生と追加での検査、段取り替えの多さ、残業や休日の工場稼働で、コストが高くなっていました。

そして、当然、会議を開催しても得られるものは多くありません。具体的な目標も行動計画もないため、進捗を管理する会議として成立しないのです。

いままでのＦ社では、何か問題が起こると、社長に報告がされ、その場で決定が下されてきました。これはこれでスピードがあるのですが、このプロセスでは解決できない問題が残されてきます。時間のかかる根本的な仕組みの改善は、置き去りにされるのです。そして、ここでも「個人の成長サイクル」により、管理者のやる気と考える力が奪われてきたのです。

根本的な仕組みの改善には、やはり時間と忍耐が必要となります。継続的な取り組みを支えるために、行動計画書が必要になります。それらがないF社では、当然、目標が達成されることは、ありません。毎期の目標の未達が、常習化していたのです。

社長以下役員と部課長が参加するその会議が、その状態です。各部門での会議も、同じ状態でした。各部門にも目標と行動計画書がないために、会社の至る所で不具合と不効率が繰り返されていました。

この先の見えない状況に、全員が疲弊をしてきます。そして、若い社員が去っていきました。対処に追われる現場と高い退職率、これらが、F社が生産性1300万円以上ありながら、利益が出せない原因だったのです。

管理者の本来の役目は、「提案すること」

もう1つ、F社には致命的な欠点がありました。それは、「管理者が、提案をしていない」ということです。

役員と管理者を集めての月例会議は、進捗確認と情報共有が、主な内容になります。そのため資料は、次のものが標準になります。

①行動計画書
②今月の進捗実績

③来月の行動予定
④議題資料

具体的な案を提出することが、各部の役目になります。１つのテーマについて、社長や関係部門と課題解決会議の場で検討し、意思決定し計画を立てます。その結果を④の議題資料として進捗会議にかけます。役員や管理者が集まる会議で承認を得ることで、会社全体の総意とすることができます。その後の他部門との連携も取りやすくなります。

営業部からは、策定した「価格交渉についての方針書」の発表があります。製造部からは、「設備の修理とその挽回のスケジュール」が出されます。それに対し、他部門から、いくつかの質問が出ます。その過程を経て、全社的な展開に移ることができます。

F社の会議の資料には、この手のものがありませんでした。そこに添付されているのは、データばかりです。営業部の「顧客ごとの売上実績と見込み」、製造部の「不良率や材料ロスの集計表」という、数字とグラフの資料がすべてを占めています。

そして、会議では、そのデータを見ながら報告がされます。営業部は、見込みが少ないことの原因とその対策を口頭で発表します。製造部は、沢山のグラフを使い、課題とその対策案を説明します。参加者の多くは、どこを見ればよいのかもわかっていない状況です。

その報告に対し、社長や他の管理者から、「これは、こういうことですか?」、「あの方法は試したのですか?」などの質問が出されます。なんとこの場で、社長が初めて聞く内容が報告されるのです。そして、それを理解するための状況確認の質問がされます。そうです「課題解決会議」が始まったのです。そのために時間がかかっていたのです。

当然、議論も浅くなります。この段階では、決定事項が文字になっていないために、認識が合っているかどうかの確認もできません。そして、次の行動も明確にされないまま終了の時間が来ます。

これでは、会議が長くなって当たり前です。目標の達成どころか進まないのは当然なのです。また、決めたことも定着しません。そして、翌月の会議では、その多くが忘れ去られたまま進んでいきます。その結果、管理者は、機能を発揮できなくなります。

2年後に営業利益率8％を達成！

各部門に与えられた目標は、スローガンと維持目標だけでした。そこに管理者には、頑張って取り組むような項目はありません。そして、具体的な行動計画もないので、動けることもありません。しかし、会議では、「管理者らしい」報告を求められます。持ち時間を使わなければなりません。その結果、だらだらモゾモゾの報告になっていたのです。

会議の場で出されるF社長からの指示には、具体的な「期限」がありません。実際に、その期限になっても社長から「あれどうなった？」と確認されることもありません。管理者は、それにすぐに手を付けないようにしていました。社長の思い付きかどうかを判断し動いたほうが、効率はよいのです。

これが、F社の実態だったのです。

その結果、「目標の未達の常習化」、「1つひとつの進捗が遅い」、「対処ばかりで、根本的な対策ができていない」ということが、起きていました。そして、「管理者は名ばかり管理者」になっていました。

すべてが、「正しい目標設定」と「行動計画書の作成」と、その「実行の管理」ができていないからなのです。『設計』と『実行』のサイクルができていないのです。そして、会議という『依頼』の場もまともに運営できていないのです。

期中でしたが、F社長は、すぐに単年度目標と行動計画書の見直しを行いました。その見直しには、各部門長を巻き込みました。社長をはじめ、社内の誰もが過去に一度も正しく作成したことがなく、長年の癖もあるため、大変苦労をしました。

それでも、なんとか2か月後の月例会議では、新たな書式でスタートを切ることができました。配布される資料は、4分の1になりました。管理者の発表も、少しモゾモゾの癖は残るものの、意味を成すものとなっています。各部から作成した方針書や企画書が、出るようになりました。他部門に対しても建設的な意見が出るようになったのです。会議の終わりには、再度、次の行動と期限と担当者が確認されます。

会議は、毎回2時間で余裕をもって、終われるようになりました。そして会議が終了すると、曖昧さをなくすために、社長のまわりに管理者が集まります。

もともと生産性の高かったF社です。その1年後の決算では、年商は同じながらも過去最高の利益を出しました。そしてもう1年後には、前年対比10％アップの年商44億、営業利益率8％を実現したのです。ここ2年は、若い社員の退職も出ていません。

F社長、「私自身の中で一貫性が生まれました。私の思い付きのような発言がなくなり、社員も働きやすくなったはずです」と大きな声で笑われます。

まとめ

- 『依頼』とは、相手に「目標の完成」と「明日からの行動」のイメージを持たせること。
- 距離の取り方で部下を育てる。相手の仕事の状況や能力に合わせ、「少し頑張らなければいけない目標」を与え、その達成に向けて「フォローを適切」に与えること。
- 管理者が育たない一番の原因は、その本人に管理者のイメージがないこと。管理者とは、どんな役目か、どんな動きをしてほしいのか、しっかり伝えること。
- 分業も目標も、その本質は「追い込み」にある。人は、追い込まれたときに、すごい力を発揮する。担当者、期限を明確にすることで、更に追い込みの効果を高める。
- 我々は、レベル5の人でも活躍できる組織をつくる。それにより、事業を早く展開する。
- 会議の種類は「進捗会議」、「課題解決会議」、「情報共有会議」の大きく3つ。会社の中の多くは、進捗確認会議であり、行動計画書があって初めてこの会議は意味を成す。

第6章

最速のスピードを実現するために、『人材』を獲得する

管理者や担当者が、社長に提案している状態が本来の姿

我々は、「考えること」を受け持ってほしいのです。そのために社員を雇い、横の分業と縦の分業をつくっています。組織と成長のサイクルができると、「社長が提案を受ける」という状態が日常になります。

・期日になると、営業課長から展示会の企画書が、提出されます。それに対し社長は、追加の要望を伝えます。

・WEB担当者から、新しい広告を試したいという要望と概要書が出されます。

・製造工程で起こった問題の報告が、メールできました。「・・・という問題が起きました」。そして、その事実報告の後には、「・・・と対応しようと考えています。いかがでしょうか」と対応案が　書かれています。

自分が出張中も、メールで企画書や対策案が届きます。それに対し、問題がなければ「はい、それで、お願いします」の回答を返すだけになります。その提案の内容を見れば、その本人が趣旨をしっかり理解をしていることもわかります。社長として客観性が保てるため、自社の方針にあっているか、冷静にジャッジすることもできます。

この状態がつくれないと、すべての「言いだし」を社長がすることになります。社長が企画書をつくり、社員に「お伺いする」という状況です。

当然、客観性は失われ、独りよがりのリスクを抱えることになります。自分が動かなければと思うと、どうしても妥協しやすくなります。

出張中も、「どうしましょうか？」と指示を仰ぐだけの電話やメールが来ます。そのため「こういうことですか？」と状況把握のための聞き取りが必要になります。そのうえで「・・で対応をお願いします」と指示を出すことになります。その指示のための言葉もメール文も長くなります。そして、また「社長」が育つことになります。

管理者や社員から提案があるかないかでは、その負担は、全く違うものとなります。また、事業が成長するスピードは格段に違うのです。

管理者が社長に提案する状態ができると、各部門でも、部下が管理者に提案する状態が形成されていきます。各業務の担当者は、その業務の方針や趣旨から企画書やマニュアル草案を作成します。その提案を受けて、管理者は、事業戦略や方針に照らし合わせ、承認または変更の指示を出します。この状態により、全員が育つことになります。その過程により、事業理念や戦略や方針という『考え方』が、揃うことになります。

「管理者や社員が上司に提案している」という状態をつくるのです。これこそが、本来の管理者や社員の仕事であり、そのための分業です。この提案している人の数が、その会社の強さであり、成長のスピードとなります。ここが、我々が目指す状態です。これは体系的な仕組みにより、できあがることになります。

提案がされない3つの理由

いままでは、組織と成長のサイクルの仕組みがなかったために、この状態にできませんでした。この状態にできていない理由を再度確認しておきます。大きくは、3つあります。

理由その1：情報量が絶対的に少ない

彼らには、これから先の自社のビジネスの特色づくりや展開の方向性のイメージが、まったくありません。「在庫は何を持つのか」、「どうなったら廃棄するのか」という方針もありません。これまでの会社の軌跡や職場のルールなども知りようがありません。多くの会社が、社員に対し全く情報を提供していません。スタート地点にも立てていないのです。

そのため課題に気づけなければ、アイデアも出せません。そして、知らない者には「発言する権利はない」とも思っています。その結果、考えることを止めてしまっています。

理由その2：具体的に依頼していない

自分がどんな役目を期待されているのか、何を達成すればよいのか、管理者にも各部門にも、しっかり伝えられていません。具体的に何をすればいいのか、わかっていないのです。

ぜひ自社の管理者に、次の質問をしてみてください。「いま、何の仕組みを変えていますか？」多くの管理者はこの質問に答えられないはずです。この質問を自身にもしてみましょう。「いま、管理者に対し何の仕組みの改善を依頼していますか？」誰も答えられないのです。そのため、いままで通り作業をすることになります。頭を動かす理由がないのです。

理由その３：時系列をコントロールできていない

ホームページの更新や人事評価面談等の定例業務が、社員から持ち上がってきません。社長が言いださないと放置されます。また、不良対策や業務の効率化という大きな取り組みは、たち切れになります。「来期には見直そう」と言った課題は、確実に忘れ去られます。

社長が思い出し、「あれどうなった？」と聞いて報告があります。これは、各部門と担当のポジションに、時間を管理する仕組みがないために起きます。気の利いた社員が自分の手帳で管理しているときだけ、その業務が流れます。人が替わった瞬間に、滞ることになります。

M社では、３名の人材が「ぜひ」と名乗りをあげた

仕組みができ、サイクルが回り出すと、素晴らしい人材との出会いがやってきます。その人材の協力が、更にこの取り組みを推し進めることになります。成長のスピードを更に早めてくれます。その出現は、このタイミングになります。

M社でも、３名の人材との出会いがありました。

１人は、大手食品メーカーで、企画営業などを経験された58歳のBさんです。若い人を採用するつもりで出した求人広告に、応募がありました。M社長は、何か気になるものがあり、会うことにしました。大きな展開を予定していたM社には、打って付けの経歴です。その方も、「給料は安く

てもいいから、是非このプロジェクトに参加したい」と、言ってくれました。そのBさんは、その後、海外の販路開拓の責任者を担うことになります。

そして、他の2人は社内にいました。

その1人が営業課長のA君です。その後のA君の活躍は目を見張るものがあります。客先の開発会議にも参加し、新商品立上げを推し進めていきます。その裏で、情報共有することで、商品開発部や製造部を、上手に巻き込んでいます。製造ラインにも定期的に足を運び、スタッフに声かけながら品質をチェックします。会社の中心と言える程の存在になっています。M社長は何も心配せず、出張に行けるようになりました。

もう1人は製造工程にいました。その当時は、製造ラインのいちスタッフでした。仕組みができてくる中で、現場を巻き込んでの改善が始まっていました。その中に、しっかり考えて意見を言う彼女がいました。製造工程で何か問題が起こると、M社長と製造部長と彼女の3名で、話し合うようになっていました。タイミングを見て製造ラインから外し、生産管理の役割についてもらいました。小さな子供がいることもあり、1日6時間の勤務です。

準備ができたときに、その「タイミング」が来る

なぜこのタイミングでその出会いがあるのか、実はそれは明確です。こちら側に、受け入れる準備ができたからです。また、こちら側に、どのような人材が欲しいのかという基準も持てるように

なったからです。

事業の特色も展開の仕方も明確になっています。そして、その実現のための目標を持って１つひとつ実現していきます。すべてが仕組みにされ、属人的な仕事が排除されていきます。各部門や管理者や担当者の仕事も定義づけがされます。その中で、どのポジションに人が足りないかが明確に見えてきます。

それらが整備されることで、考える能力がある社員が力を発揮する下地ができるのです。

多いのが、社内から人材が現れるケースです。「当社にはそのような社員はいません」と言っている会社でも、かなりの確率で現れます。いままでは、会社の考え方もわからない、業務の見える化もされていないために、意見をすることもできなかったのです。

外から優秀な人を採用することもできるようになります。新たに補充したい人に求める素養と能力、経験も明確にあります。それを求人媒体や自社のホームページに掲載します。明確なメッセージが、それに合致した人に響くのです。

いままで求めてきた人物像は、「優秀」、「若い」、「元気」という漠然としたものでした。こちらの像が不明確であるため、求職者に向けたメッセージもぼやけていました。採用試験のやり方やその合否の基準も定まりません。

そして、何よりも変わったのが、『人材から選ばれるだけの会社になったこと』です。「我々が、選んでいる」という錯覚を持ってしまいます。しかし、それは大きな間違いです。「選ばれている」

が正しいのです。

優秀な人は、志も能力も高い社長のもとで働きたいと考えています。訪問時の受付の方はキビキビ動いています。数名の社員が和気藹々ながらも、真剣に話し合いをしている様子が見えます。面接では、「会社をどうしていきたい」そして、「だからこういう社員がほしい」という説明を受けます。そして、具体的に、「君には、〇〇のミッションをお願いしたい」と伝えられます。

それらは書面でされます。事業設計書やマニュアルをみると、組織が機能していることがわかります。そして、後日の連絡で、「よかったら協力してほしい」と伝えられます。

ここに、その会社、正確には、その社長の能力と誠実さを見ることができます。優秀な人は、それを感じ、「ぜひ」と快諾をしてくれます。

優秀な人に選ばれるだけの魅力はあるか

一方の会社では、事務所の扉を開いても、誰からも挨拶がありません。受付の方が気怠そうに寄ってきます。照明が暗く感じます。面接では、履歴書を見られいくつかの質問をされます。その後に、会社概要と雇用契約の説明があります。後日、「いつからこられますか?」と連絡があります。このときに、優秀な人は、「他社に決まりました」と断りをします。

優秀な人は、その会社の能力のなさや情熱の低さを、すぐに見抜いてしまいます。もし、このような会社でも来てくれる人がいるとすれば、そのようなことに無頓着であり、向上心の低い人と言えます。この人を採用することで、会社は、同じようなレベルの人で更に同質化を進めることになります。

会社としての能力と品格を観られています。優秀な人は、自分の人生と高い能力に見合う会社を選ぶものです。優秀な人が取れない会社は、はっきりと「御社には、私は勿体ない」と言われているのです。

M社では、Bさんが、大手食品メーカーから安泰なはずの退職までの残りの期間を蹴って、来ました。営業課長A君は、社長が持っていた顧客も案件もすべて奪い取りました。生産管理のCさんも、当初他の製造スタッフからよいようには見られていませんでした。実際に社長に「特別扱いではないか」との文句を言った人もいます。

それに対し、M社長は、「彼女には、特別なことをやってもらうから、特別です」ときっぱりと答えました。

彼らは、当社というプロジェクトに、リスクを背負って参加をしてくれています。そこには、覚悟があります。

よく「社員を雇うことには、大きなリスクがある」という社長がいます。それは社員も同じです。彼らもリスクを背負っているのです。会社は、複数の社員を同時に雇うことができます。彼らは、その期間1社でしか働くことはできません。すぐに辞めれば経歴に傷もつきます。その会社に自分の人生を「賭ける」のと同じなのです。

優秀な人は、そのリスクの大きさをわかっています。自分の人生の大事さをわかっています。そして、自分の人生を集中するべき1つを、選んでいます。自分の能力を遺憾なく発揮できる場所、自分の人生を奉ずる先を求めているのです。

組織と社員は相互関係にあります。組織は、彼ら社員がいなければ、1日たりとも事業を継続することはできません。そして、専門性の高い社員は、自社の強みの根幹になります。

同時に、彼らも、組織の力を必要とします。優秀な営業担当も、商品そのものがないと成果を出すことはできません。デザイナーの高いクリエイティヴは、受注された案件や生産能力があって初めて価値を成します。製造部門も、営業や流通がないと存在できないのです。

組織と社員は、共存共栄なのです。彼ら自身も、組織というものがないと、活きることができないことをわかっています。

だからこそ、仕組みのある会社、機能だった組織、そして、誠実さを持つ社長に、それを預けたいと強く思うのです。

選ばれる会社になる、そのためのいまの取り組みでもあります。これらの準備ができたときには、必ず『人材』が現れます。このタイミングに例外はありません。

年商数億円までは、社長1人でやってこれました。年商10億円に向けたこれからの困難な道を1人で進むには限界が来ています。能力も足りません。心もくじけてしまいます。この先は、彼らが、能力と心の両面で、パートナーとして支えてくれることになります。

たまたま採用できた優秀な社員を、潰す社長

組織や成長サイクルができる前に、たまたま優秀な人と出会ってしまうケースがあります。一時は、その人材がいろいろな仕組みをつくり、引っ張ってくれます。しかしそのほとんどが1年後にはいなくなっています。何度もご説明しているとおり、彼らには何も問題がありません。こちらに、受け入れるだけの力がないだけなのです。

優秀な人が取れると、社長は喜んでしまいます。その社員は、少し説明すれば多くをわかってくれます。何かを依頼すれば、すぐに紙で提出してくれます。いままでそんな社員は、いませんでした。その状況に、浮かれてしまいます。

その結果、次の３つのミスを犯します。１つ目は、「考え方を伝えない」です。いままでと同じ口頭と察してくれのスタイルです。過去の社員と違い、その優秀な社員は多くを理解してくれます。実際には、そんな短期間で、考え方を合わせることはできません。そのため、時間の経過とともに「ずれ」が大きくなってきます。

２つ目の間違いは、「依頼内容に具体性がない」です。採用面接の場では、相手が優秀とわかるだけに「大きな夢」を語り、「力を貸してほしい」と口説きました。そして、その後も「具体的な達成してほしい目標」を渡すことができません。目標設定と行動計画までの落とし込みもできません。相手も、何をしたらいいのかわからず、動けなくなります。

3つ目は、「いろいろ渡し過ぎ」です。沢山の目標、沢山の業務を与えようとします。そして、その目標も役職も曖昧です。依頼は「ガンガン進めてほしい」です。そして、色々な打合わせに参加させようとします。その結果起きるのが、分散です。どれもが中途半端になります。

すべての原因は、社長の思考が「個人」のプロセスに戻ってしまったことにあります。相手が優秀であることを理由に、設計—依頼—実行の段階をすべて省いてしまったのです。省いてしまえば、やはり優秀な人といえども活躍できないのです。その結果、その社員は、次の自分を活かせる環境を求め去っていきます。

仮にその社員が会社に残ったとしても、近いうちに会社は停滞することになります。社長が回してきたサイクルが、その「個人」に移るだけなのです。すぐにその社員がパンパンになります。それどころか他人に業務の核が移った分だけ、会社の潜在的なリスクは高まることになったといえます。

このとき、裏ではそれ以上の損失が生まれています。今まで現場を背負ってきた社員たちが、辞めていくことが起きます。社長とその新参者である社員で進めているために、他の社員は自分達の存在意義を感じられなくなります。それと同時に、社長の思慮の浅さも見てわかってしまいます。既存の知的労働者の彼らには、社長が「仕組みでなく、人に走っている」と見抜けてしまうのです。既存の社員もいなくなり、結果的に、以前よりも悪い状態が残ることになります。

個人の能力と組織の能力には、何の相関性もありません。優秀な社員が沢山いたとしても、組織が整備されていなければ、それだけの成果を出すことはできません。それどころか、各々がしっかり考え意見をするために、早い段階で分裂をすることになります。

逆に、整備された組織があれば、並みの能力の社員でも活躍することができます。経験の浅い管理者も、最低限の役割を担うことができます。採用した社員も短時間で通常の業務をこなせるようになります。それぞれの部門は、会社の目標を達成するために協力することができます。会社全体で成長のサイクルを回すことができるのです。

彼らは、「社長の示す考え方」と「機能だった組織」の中でこそ、その力を発揮することができます。優秀な人を獲得したいという気持ちはわかります。しかし、今は、組織と成長サイクルをつくることを急ぐ時期なのです。その先には、必ず人材と呼べるほどの社員との出会いが待っています。その人材が、更なるスピードを与えてくれます。

次の最後章では、これから起きる組織の問題と対策についてご説明します。組織ができあがり成長のサイクルが回り始めると、『組織ゆえ』の問題が起きることになります。

まとめ

・「社長に提案すること」が、本来の各部門の役目。管理者や各担当者が社長に提案するためには、「考える元となる情報を与える」、「やってほしいことを具体的に依頼する」、「時系列をコントロールする仕組みがある」ことが必要となる。

・仕組みができあがったタイミングで、人材との出会いが来る。それにより、更に大きくスピードアップができる。その日を信じて、いまは仕組みづくりに邁進すること。
・優秀な人は、会社を選ぶ。選ばれるだけの魅力と能力のある会社にすること。ダメな会社に、優秀な人はこない、来ても使いこなせない。
・個人の能力と組織の能力に相関性はない。「社長の示す考え方」と「機能的な組織」があって、社員は活躍することができる。
・個人での成長を、組織での成長につくり変える。その上に、人材を得ることで、最速のスピードを得る。

第7章

優秀な社長が率いる会社は、もっと大きくなれ

新卒2年生の3名が、勝手に・・・

訪問するとM社長の嬉しそうな顔があります。「すごく会社が、変わってきているのを感じます」と言い、最近起こった事件についての経緯を話し始めました。

月曜日に行っている営業部の定例会議の後、M社長は、営業課長A君に呼び止められます。「社長、2年生組が、何かこそこそやっているようです。昨日も、3人揃って出かけたようです」。

2年生組とは、新卒で採用され、1年半が経過した同期の3人です。その3人は全員、どちらかと言うと大人しいタイプばかりです。

社長も、「それはいいことだ」と言いながらも、「全員で退社」という考えが過ります。小さい会社ですから、「普通」なら誰かの耳に入り、社長の自分にも何かしらの知らせはあるはずです。そのこそこそ感が、少し気になります。また、少し寂しい思いもします。

日課である工場を回るときに、その3人のうちの1人を見つけました。彼は、品質管理を担当しており、そのときも工場内のスタンドデスクで、業務をしていました。

M社長は聞いてみました。「D君、前の日曜日に、3人でどこかへ行ってきたらしいの」。そう声をかけられ、D君は驚き、少しバツが悪い表情をしました。そして、正直に話をしてくれました。「3人でレンタカーを借りて、○○売り場を、いくつか見に行っていました」。

M社の事業の目的は、「○○売り場の売上アップを支援する」というものです。D君たちは、自分たちも、その売り場のことをもっと知る必要があると感じていました。

M社では、「最初の2年間は、基本的な製法や知識を付けるために内勤」という育成方針です。その2年生である3名とも、直接的にお客様に関わる業務はなく、売り場を見ることもありません。会議などの場で、売り場のテーマになると、全く想像ができません。そのため意見もアイデアも、出せないのです。また、いつまでも、それで許されている自分たちが嫌だったのです。

3名でそのことを話し合い、計画を立て、○○業の売り場を、実際に見に行ってきたのです。数県を跨ぐため、お金を出し合ってレンタカーを借りました。やはり聞くと見るとでは大違いです。その売り場の勢いや特異性が初めてわかったのです。

M社長は、「それならそうと、言ってくれれば、交通費は出したのに」と言いました。それに対し、D君は、「いえ、もし何かあったら、会社に迷惑がかかります。また、具体的に何か成果として出せるわけではありません」と、その申し出を辞退しました。M社長、言われます。「いまの若い人は、凄いですね」。

工場から戻り、社長はA君にその内容を伝え、相談をしました。「交通費ぐらいは、出してやろうか」。少しA君は考えていました。そしてそのA君の答えにも、M社長は驚くことになりました。「いや、出さないほうが、よいのではないでしょうか。大企業ならまず出さないはずですし」。

M社長も、社会人になってから今日まで、自分で専門書を買って勉強しています。A君も、営業のノウハウ本や業界の専門誌などを、毎月数千円分は買っています。

M社長は、この会社に入り、誰も自分で本を買って、調べたり勉強したりしないことに驚いていました。そして、だからこの会社は、ダメなのだと感じていました。A君を採用したときに、最初に伝えたことが、「自腹で勉強せよ。自分で本を買え」でした。A君もその教えを今日まで守ってきたのです。

いつしか、M社長の信念になっていました。

「どんな分野でも、プロフェッショナルになるためには、自己学習が必要である。会社が教えられることは過去のことである。いち作業員ならそれで許されるかもしれないが、当社の社員はそれでは困る、時代の先に行けないではないか」。

A君も、同じ思いを持っていました。ですから、今回のこの3人の行動も交通費の辞退も、ものすごく嬉しかったのです。社長は、会社としての交通費の支給は、見送ることにしました。

すぐに『人材育成に関する方針書』を書き換えました。そして、来春に向けて『新入社員教育プログラム』の変更に手を付けたのです。

入社半年の時点に、視察会を入れました。○○業界の売り場はもちろんのこと、材料の仕入業者や原料の産地も視察先に入れました。このプログラムの見直しのために、その3名の意見も取入れました。

M社長は、この視察会に、交代で工場スタッフも参加してもらうことにしました。工場スタッフにも、お客様や仕入先などのイメージが持てることがプラスになるだろうと考えたのです。

社員は、社長の目線を追う

社員は、社長が見ているところを見ます。社長が、お客様のことを考えそのとおりに動いていれば、社員も同じようにお客様のことを考えるようになります。「どうしたらお客様にもっとよいサービスが提供できるのか」、「お客様が使いやすいように・・・」とそのお客様の姿をイメージしながら考えることをします。

仕組みの改善についても同じことが言えます。あるスタッフが間違えたときに、「こういう間違いが起きるなら何か原因があるはずだ」と考え、その対策を仕組みにしていきます。

このように社長が考えれば、社員も同じように考えることをします。部長は、部下が間違えたことに対し、データベースの見直しの指示を出します。またその本人も、これから同じ間違いをしないように、マニュアルに追記していくようになります。チーム内でも、ミスや遅れを生まないように、知恵を出すようになります。

スタッフが間違えたときに、社長がスタッフのことを見ると、次のような事態になります。社長がスタッフに対し「もっとしっかりやってください」といえば、そのスタッフは「すみません」と社長に対して謝ることになります。社長がスタッフの目を見ているときには、スタッフも社長の目を見ているのです。

そして、それに倣って管理者も人に向かうようになります。部下が間違いを起こしたときに、叱責をするようになります。またチーム内でも、誰かのミスや誰かの効率の悪さを責めるようになります。

過去のM社においても、まさにこの現象が起きていました。M社長も、社員がミスをしたときには、「気をつけてください」と言っていました。そして、社員が何かを聞いてくると「もっと考えて」と伝えていたのです。

その社長のやり方を見習って、各部門の長も、同じように部下やスタッフに対し言うようになっていました。それが製造現場において特に悪い影響を与えていたのです。製造ラインに、派閥化や陰口などが横行するようになっていました。その結果、製造ラインにおいて、飛びぬけて退職率が高いことになっていました。

M社長は振り返りこう言います。「当時の当社の雰囲気は見せかけの明るさでした」。

私が最初に訪問したときの挨拶の明るさは、本当の明るさではなかったのです。M社長が明るい性格であるため、社員もそれを見て同じようにしていたというのが実情なのです。

そんな状態に、M社長はコミュニケーションの研修や懇親会などの対策をしました。この対策も、その「内向きさ」を助長することになっていたのです。

社員は社長の目線を追う、ということを自覚しておく必要があります。そして、自身の言動を意識する必要があります。社長の言動により、組織を、よい方向にも悪い方向にも導くことができます。

なぜ組織は腐るのか

組織は、組織であるために、病を抱えることになります。それは、消し去ることはできません。上手に付き合っていくというのが正しい対処法になります。

分業というものは、追い込む行為であるというご説明をしました。「あなたはこの業務に専念しなさい」という追い込みをかけることによって、その部門や担当者は高いパフォーマンスを発揮することができます。

そのため「自分たちの業務を優先する」という性質を持つことになります。これはある程度致し方ないことと言えます。追い込んでいるからこその現象です。

また、日常的に全くお客様と接点を持たない部門が生まれてきます。これは、会社の規模が大きくなればなるほどその傾向は強くなります。

その結果、次のような現象が起きることになります。

・毎日、ある部門が遅くまで残業をしている。隣の部門は定時で帰る。
・お客様の立場に立って話す営業部と、ものづくりを重視する製造部の仲が悪くなる。
・営業担当がとってきた仕事に対し、「忙しいのに、また取ってきた」と他の部門が不満を漏らす。
・「お客様が悪い」、「お客様はわがままだ」ということを、平気で言う。

新しい取り組みに対し、拒絶感を示すということも起きてきます。組織というものは、仕組みをつくり、それを安定して生産性を上げるという機能を持っています。しかし、その安定化の力が強くなり過ぎると、問題と言える状態になります。

社内には新しい取り組みやアイデアを潰そうとする雰囲気が出始めます。若い社員の前向きな意見を「前例」を理由に却下します。また経営層に対し現場の本当の情報を伝えません。

お客様からのクレームや自分たちのミスを隠したりします。自社が競合に負けた理由を「環境」のせいにして、煙に巻きます。会社が出した方針に対し、忘れたふりをします。社長の指示を部下に展開しません。

このようなセクショナリズムやお客様無視、新しい取り組みへの拒絶、隠蔽体質を、育ててはいけません。これらの現象が強くなった状態のことを『組織が腐る』という言葉で表現します。自分たちの本来の存在意義を忘れ、自分たちの都合を優先するようになります。

この状態になる頃には、すでにお客様はサービスの悪化を感じています。多くのお客様の心が離れていっています。また、若い優秀な社員が辞めるという事態が起きています。

社員20名を超えると、いままでとは異なる問題が起き始める

このような現象は、社員数10名以下の会社では起こりにくいものです。全員がお客様と触れ合う機会があります。社長が前線に立ちお客様の要望に応えようと頑張っています。社長の朝令暮改により、色々なものが変わってきます。社員もその状態に慣れています。

お客様に対しておかしなことをしたり、自社が変わることを拒んだりすれば、すぐにそれは売上の減少となり明るみになります。

これが20名ほどの規模になってくると、管理や製造など、お客様と触れ合わない部門が出てきます。多くが仕組化され、作業が淡々と回されるようになります。社員同士でも、ほとんど話したことがない関係が存在することになります。

社長が直接お客様と話すこともありません。階層があるため、社長がわからない業務や日常的に話をしない社員も沢山存在します。お客様への不手際やお怒りの声も、ダイレクトには社長の耳には入りません。それでも顧客数が多いため、大崩れするということはありません。

その業界でシェアを取っている状態であったり、その地域を独占できていたりすると、この現象はより強くなります。お客様の要求や市場に対し、それほど臆する必要がなくなるのです。

世の中で起こる大企業の不祥事は、この延長線にあります。大企業では部門数は多く、そして１つの部門が非常に大きいのです。そのため、ほとんどの社員が、お客様との接点を全く持ちません。その結果、本来の自分たちの奉仕する相手を忘れてしまうのです。また、シェアが大きいため、自分たちが市場をコントロールしているという錯覚を持ちます。

大手企業と取引をしたことのある方は、次のような経験をされていることでしょう。

「大手企業の部門間の調整を、なぜか業者である自社が行っている」、

「顧客として納期の希望を伝えると、断られた。その理由は社内稟議に時間がかかるか

ら。それを平気で口に出す営業担当」、「打合わせの場にたくさんの人間が来る。誰が決裁者かわからない」。

これこそが、組織病の表れと言えます。これらの現象が見られる会社では、いたるところで不効率や、スピードの低下が起きていることが予想されます。

しかし、このような状態をその経営者が認識していることは多くありません。それは当然です、この状態をつくっているのは、経営者自身であるからです。

この行き着くところは、「衰退に向かう」か「強いリーダーによる改革」のどちらかしかありません。既存のお客様が離れていきます。市場に対し、斬新な商品やサービスを提供できなくなり、どれも特色がありません。その結果、市場のシェアを競合他社に奪われていきます。

売上が落ちることの対策として、コストカットや人員整理が行われます。また、不祥事として事件になることもあります。そのときが会社を大きく変革するチャンスとなります。トップのリーダーシップの有無が明暗を分けます。それを逃すと、更に売上は落ちてくことになります。その結果、他社に買収されることになります。中小企業では、倒産または廃業ということになります。

多くの企業が気づかすにやっている顧客第一主義を壊す施策

私の関わったクライアントの多くが実は、組織病を抱えていました。創業から140年が経つM社も、社員数130名の製造業F社も、その現象が起きていました。

組織病を言い換えると、次のようになります。「組織が、『外』よりも『内』を優先するようになること」。『外』とは、お客様や環境や競合のことを指します。この『外』への貢献こそが企業の存在意義であり、『外』との関係が存続に大きな影響を与えます。間違いなく、この『外』こそが、企業にとって一番の関心事となります。

しかし、この『外』よりも、『内』の活動を重視してしまうことが多々起きます。『外』のことを忘れ、『内』のことに熱心になるのです。その状態が、組織病なのです。

組織病、すなわち、社員を内向きにする会社の特徴やその施策の例を次にあげます。

・社長が社内にいる時間が多い。会議では、内部の話（人事、数字）から始まる。経営者層が身内で喧嘩をしている。上層部で派閥争いがある。

・社員の扱いに言及した経営理念（例：社員のやりがい）を、社員自身に唱和させる。

・人格教育の重視（教育はあくまでも新しい仕組みの構築のため行うものである）。

・儲かる事業の設計と行動計画という本来の事業設計書のつくりになっていない。

これらは、「外部（顧客第一、サービスの向上）よりも内部のほうを優先する」というメッセージに捉えられやすいのです。

・目標は現状維持に近く、挑戦的なものがない。無方針、目標が抽象的である。

人は暇なときに、内向きな思考になり、人間関係に走りやすくなります。

・紹介だけで顧客を獲得している。下請け仕事が多く、自社で営業をしていない。

集客や営業の大変さを知らないために、顧客の存在の「ありがたみ」が軽くなるのです。各施策の効果とともに、「組織の風土」や「社員の思考」にどのような影響を与えるのかを知っておく必要があります。

次の飛躍を確実に掴むための社長の動き

これらを見れば、社長の役割というものが明確にわかります。これらは特別取り組むことではありません。好業績企業はどこも普通にやっていることであり、トップの役割を理解し、そのとおりに動けば全うできることばかりです。

この書籍をお読みの多くの方からは、「当たり前のことである」という感想が聞こえてきそうではあります。そのような社長は、大きく伸びることになります。だからこそ、いまの段階でしっかり理解しておいていただきたいと思っています。知って進むのと、知らずに進むのでは全く組織病の進行具合は、違うものになります。

① 会社のすべてはお客様への奉仕のために存在している、そのために具体的に取り組む

その実現のために、すべての仕組みを最適化させる取り組みをしています。そのときに重要となるのが、『具体性』です。今期は、何の仕組みを直すのか、どう行動するのか、それが必要です。「外に敵をつくることで、国をまとめる」と同じように、何かの大きな目標があるときに、人は一致団結します。外部に脅威がないとき、挑戦的な目標がないときに、内輪もめを始めるものです。

そして、事業理念を、方針やマニュアルの中に意図して織り込みます。そこにはお客様という言葉が頻繁に出てきます。

社長が、敢えてすることは、お客様の声を代弁することです。「これだとお客様困っているだろうね」、「このサービスを提供できると、あのお客様が喜びそうだ」、「○○様が、助かったって言っていました」。すべての業務、すべての仕組み、すべての役割が、お客様のために存在しており、お客様の喜びに結びついていることを、機会があるたびに少し大げさに伝えます。

② 社長自ら、お客様を定期的に訪問し、本当の声を聴くこと

社長が知りたいことは、大きく2つしかありません。「お客様がこの先どう変化するのか」と「いま現在のお客様を満足させられているかどうか」です。企業は、これさえ抑えておけば、絶対に潰れることはありません。「お客様の変化に遅れをとっている」、「他社に比べお客様を満足させられていない」ときに業績は悪くなります。

だからこそ、社長の役目となります。社長がお客様を自ら訪問をして、初めて本当の声を聞かせていただけます。これを営業担当に行かせても、いち社員に本音で話をしてくれることはありません。営業担当には、そんなアンテナもなければ、そんな役割もありません。また、自分に都合の悪いことは隠すことをします。

たまに、お客様満足度調査というアンケートを「送付」する会社があります。これほどお客様をバカにした行為もありません。この行為こそ、お客様の手間よりも、こちら側の効率を優先した行

為となります。受け取ったお客様のほうは呆れています。当然、それを伝えることはありません。

③ 新サービス、新システムの導入など。新しい取り組みをどんどん取り入れる

社内で、新しいものに興味を持っているのは社長だけです。各部長や担当者も同じレベルで興味を持って欲しいとは思います。ただし、それは理想論にすぎません。改善レベルの発想は社内で生まれますが、それ以上のものはありません。また、自分たちでつくり上げてきた業務を破壊するようなアイデアは、出せないのです。

新しいもの、新しい考え方の獲得は、社長の役割と認識する必要があります。その導入を決定した後に、該当部門に実行を依頼することになります。それにより、各部門は「強制的に」変化を求められることになります。

組織病の進んだ会社では、社長が持ってきた「新しいもの」に対し、強く抵抗します。その抵抗により、多くの会社が変革への機会を逃し、長い停滞期に入ることになっています。社歴の長い会社や、そこそこの規模の会社では、頻繁に見られる現象です。

これら組織病に対する取り組みは、創業者よりも、後継者の方のほうが意識する必要があります。何から何まで自分でやってきた創業者にとっては、お客様の存在の重要性や、お客様が自社の生死にの決定権を持っていることを痛いほどわかっています。

それに対し後継者の方は、どうしても体験としてそれが掴みにくいのです。引き継いだときには、すでに事業の形もあり、固定客もいます。自らお客様を開拓したことも多くありません。そのため

お客様よりも、社内のほうに目が向きやすいのです。

また、一から事業を立ち上げた経験がない分、守りに入り過ぎることもあります。

私は、後継者の方には、社長になる前の時間があるうちに、営業を担当されることや、お客様を定期訪問することをおすすめしております。自分で出した営業の成果が自信になります。また、お客様がわかっているからこそ、社内を説き伏せてまでの思い切った決定ができるのです。

M社長、先代と話す経営の話

M社は、改革に着手してから2年が経とうとしています。今期の年商は8億6000万円の着地を予想しています。生産能力がすでに限界が来ており、積極的な営業活動を控えています。半年後の工場新設に向け工事が進んでいます。その工場が稼働すれば、確実な年商10億円が見えています。

通常の業務を回すとともに、各部門が工場新設に向けてすべての仕組みの再構築に取りかかっていました。

M社長から、「いまこのようなものをまとめています」と書類を見せていただきました。そこにはいくつもの教訓らしきものが書いてあります。

半年前から、M社長は、先代と月に1回食事をするようにしていました。同じ経営者として、どういう想いでいたのか、それを聞きたかったのです。

先代は、健康を理由に経営の座を後継者に譲りました。先代の娘である妻から、早くに社長の座をM氏に渡すために、それを理由にしたことを聞きました。

自分自身に、会社を大きくすることや新しいことにチャレンジする意欲がなくなっていることを自覚していました。いままでのように、ものをつくり売れば儲かるという時代でもありません。自分のやり方に、若い人はついてこないということもわかっていました。

また、社長になるなら、頭も柔らかく、気力のある若いうちになっておいたほうがよいと考えました。身内や銀行、税理士からは、まだ元気であり、後継者も早すぎるのではないかと反対をされました。先代は、「彼なら大丈夫だ」と返しました。何かあっても、自分が元気なうちは力になってやることもできます。実際に、ヒット商品からの急降下のときには、いつでも資金的な援助ができるように、準備をしていたそうです。

M社長の中にも、当時のような嫌う感情はなくなっていました。時代背景もあり、厳しい環境の中、義理の父も精一杯であったことが、社長の立場になってわかってきました。

月1回の食事のたびに、ヒアリングを行いました。先代が知り得る限りの会社の歴史を1つひとつ聞き出していきます。創業から戦時中の話、法人設立、直販店をオープンしたとき、従業員の横領が発覚したとき、労働災害など。多くのことがあり、いまがあることがわかります。

経営の考えについても、意見交換をすることができました。また、食品に関わる者としての信念についても改めて聞くことができました。

M社長は、それを書面にまとめていきました。それらは後に、事業設計書や行動規範、そして、社史などに、編集されることになります。「間に合ってよかった」とM社長は、言われました。

社歴が10年、20年あっても、何も残っていない会社

「会社」によって、この世の中がよくなっていきます。その1つの会社が提供するサービスが、多くの人の課題を解決しています。そして、その会社では、たくさんの従業員とその家族が糧を得ます。また、地域にとって、財源とともに産業を持つことにもなります。

会社こそが時代を繋ぐことができます。よいサービスは、時代の変化と共に、さらによくなっていきます。人が入れ替わっても、その会社には仕組みやノウハウが残ってきます。若い人が、人としてもプロフェッショナルとしても、成長していきます。そして、その地域も、安定と発展を得ることができます。社会にとって、その会社こそが財産になるのです。

「会社」が持つこれだけの素晴らしい効用も、その会社が「組織としての適正な機能」を持って、初めて得ることができます。素晴らしいサービスも、従業員の働きがいも、そして、その家族の生活も、会社の組織としての適正な機能がなければ、成立することはありません。

事業モデルは素晴らしくても、組織がつくれないために、それ以上発展しない会社は非常に多くあります。また、能力も熱意もある社長と社員がいても、鳴かず飛ばずの会社も少なくありません。その結果、その会社に関わる誰もが、報われないことになっています。そして、組織の機能を持たないために、その会社には何も残らないことになります。

社歴が10年、20年、50年あっても、そこには、知恵やノウハウなど、引き継がれ、蓄積されたものが何もないのです。M社は、まさにその典型でした。創業から140年経っていても、次の時代に継がれるものが何もなかったのです。

社名や社屋、設備などは残すことができます。しかし、考え方や知恵などという最も大きな財産が、次の社長、次の社員に、引き継がれていかないのです。

この瞬間も、自社で人生を過ごした多くの人たちの頑張りや知恵が、失われていっています。また、これから入ってくる社員は、自社の歴史を知ることも、知恵を受け取ることもできません。M社長は、それを心から悔しいと思っていました。

また、自分にも会社を次の社長に渡すときがきます。そのときに、しっかり渡せるようにしておきたいとも考えました。それが、この時代を託された自分の責任なのです。

M&A、複数の会社の経営で成功するための条件

会社というものは、時間が経つほどに強くなっていきます。毎期、取り組んだことが仕組みとして残っていきます。実行から得た知恵が、方針として残っていきます。管理者が行った改善も、スタッフの出したアイデアも、すべてを吸収していきます。

しかし、残念なことに、多くの会社では、逆に時間が経つほどに弱くなっています。管理者や社員が辞めていくと、そのほとんどが残っていません。その人たちが頑張って得た知恵やノウハウが、

消滅をしています。人が入れ替わるたびに弱くなっているのです。

時間の経過を味方につけるためにも、「組織としての機能」と「成長サイクルを支える仕組み」が必要となります。その土台があるからこそ、事業を拡大することができます。

組織をつくり運営する力こそが、その会社の最高のノウハウといえます。組織をつくり運営する力があれば、新規事業を軌道に乗せる可能性は、極めて高くなります。多くの新規事業の失敗は、その事業モデルにあるのでなく、そのプロジェクトの運営の下手さに原因があります。１つのアイデアを、チームの力により事業化するプロセスを構築できるようになります。

他社との協業も可能になります。いまの時代のビジネスにおいて、自社単独のノウハウや資源で成功することはできません。他社とのプロジェクトを適切に運営ができることで、その選択肢を大幅に増やすことが可能になります。

Ｍ＆Ａという方法で事業展開を早めることもできます。また、複数の会社の経営も可能になります。買収した会社を、上手に活用できない会社は多くあります。複数の会社をつくったものの、どれも中途半端という経営者もいます。自社もまともに組織として回せていない会社がそれをやれば、失敗は目に見えています。自社が回せて初めてそれが可能になります。Ｍ＆Ａや別会社という巧手を得ると、今後の可能性を一挙に拡げられることになります。

事業モデルと仕組み、そして、組織が機能したときに、スピードある展開と確実な成長を得ることができます。その後も積み上げるように成長を続けることができます。

・年商7億円だった食品メーカーM社は、3年が経ち工場は稼働し9億円になりました。工場の本格稼働できる来期には年商12億円が見えています。
・IT事業U社は、年商3億円が変革着手3年後の今、年商6億円になりました。先日も、創業メンバーで合宿を行い、来期の事業設計書を作成しています。
・製造業F社は、儲かっていない40億円が2年後に年商44億円、営業利益率8%になっています。いまも古い体質を変えるのに苦労をしていますが、若い管理者たちが会社の中心を担うようになってきています。

組織づくりのノウハウこそが、本当の自社の強み

競合他社が、自社の事業モデルを真似ることはできます。事業モデルは、他社からも、その多くが見えてしまいます。商品そのものやホームページ、提案書、契約書などを得れば、その事業モデルの要所はつかまれてしまいます。

しかし、組織のそれは、真似ることも盗むこともできません。見た目で、「社員がキビキビ動いている」、「どんどんサービスを進化させている」ということはわかります。しかし、そこで何がされているかは、わかりようがないのです。管理者を引き抜かれたとしても、その管理者がすべてを知ることはありません。事業設計書を手に入れたとしても、そこに核はありません。

その会社の「組織」という強みを、本当の意味で、所持するのは『社長』となります。実際に、

1人の社長が、危機的な会社に乗り込み、立て直す事例は多くあります。逆に、好調な会社が、社長の交代から数年でダメになることもあります。

事業においては、どうしても景気の波や競合などの影響を受けます。また、何かの理由で幹部や優秀な社員が抜けることは、避けられません。しかし、その影響は、ある会社では途轍もなく大きく、ある会社では小さいという差があります。

その差は、組織の差なのです。正確には、社長の差となります。会社は、「社長」次第と言えます。組織づくりを体系的に理解している社長は、強いのです。その社長に導かれる組織は、時間とともに確実に強くなります。

社長としての専門的な能力としての獲得が必要となります。事業モデルについては、社長の嗅覚やセンスというものが影響します。また、その発見には時間がかかるものです。それに対し、組織づくりについては、明確な答えがあります。やることをやれば成果がでるというものです。体系的に学ぶことが重要になります。

社長の存在意義が問われている

会社において、「社長」という役割はもっとも『属人性』の高い業務といえます。組織の動きも事業の成果も、その社長によって、全く変わってきます。世の中には、経営者向けの勉強会や教材が沢山あります。同じ勉強をしても、その結果の差は非常に大きいのです。

会社において「社長」という役割は、専門性も重要性も高いからこそ、分業をしています。営業担当が営業を頑張るように、開発部が製品の開発を担うように、社長は社長業を専門で受け持っています。

「あなたは、経営の業務に専念しなさい。それに、思考も行動も生活もすべてを最適化させなさい。高い専門性とスピードを発揮してください。それにより、成果を出してください。そこにしか貴方の存在意義はありません」。社長自身にも、追い込みをかけているのです。

ある業務の専門家である各部門や社員は、組織の支えがなければ成果を出すことができません。そして、彼らは、社長という存在がなければ、全く機能を発揮することはありません。社長の考え方を知ることでしか、先を見据えて動くことはできないのです。社長が出す方針がなければ、仕組みをつくることもできません。

社長にも同じことが言えます。社長も組織がないと、その機能を発揮することはできないのです。どんな崇高な志も、素晴らしい事業構想も、管理者や社員が動いてくれなければ、絵空事で終わります。社長と社員は、正に共存共栄のパートナーなのです。

社長は、会社を強くして、大きくするプロフェッショナルです。社長が出す方針により、彼らが動き、そして、成果となっていきます。社長のつくる事業設計の構想により組織ができてきます。この先の会社の発展は、社長により、すべてが決定します。

この大きな責任を背負い、その類い稀な能力と精神が必要となる社長という役割は、他の誰にも代わりはできません。

管理者も社員も同様に、社長という役目の重要性をよく理解をしてくれています。そのため社長が社長の仕事に集中できないことを、申し訳ないことだと思っています。社長の指示に従えば、この先よくなっていくと信じて、それぞれの持ち場を頑張ってくれています。

社長よ、最後は自分の理念に戻れ

彼らは、社長を信じています。信じているからこそ、この会社にいられるのです。自分の人生に希望を持てるのです。

だからこそ、社長は現場にいてはいけないのです。それでは、分業としての社長の役目を全うできなくなります。また、彼らはいつまでも報われなくなります。

社長は外に出て、時代の流れを読み、自社をどうしていくのかを決定します。多くを捨てて残ったものだけを方針として示し、その実現を彼らに依頼します。彼らは、その実現に全力をかけます。それにより、より早く事業を展開できるようになります。

社長には、自社にとって本当に何が必要で、何が必要でないかを、見極めることが求められます。そのときにこそ、「自分」に向き合うことになります。自分は自分の人生で何を成し遂げたいのか。どんな社会を実現したいのか。そのために、どのような事業をやるべきか。どのような会社にしたいのか。経営理念に戻ることになります。

経営理念は、社長の人生のテーマです。1つの事業を伸ばすために、遠からず他の多くを捨てるときがきます。本社を、都市部に持っていくのか、いまの地域に残すのかという選択も必要になります。

そして、会社を「もっと大きくするのか」ということも決める必要がでてきます。

このときに、自分の人生のテーマ、すなわち、経営理念により、その事業の進む方向を選ぶことになります。最終的には、その決断こそが、成長のスピードを決定づけることになります。逆に、社長自身の迷いが、一番の停滞原因となります。

社長にとって、事業とは、手段です。社長の志を達成するための手段なのです。そして、組織も、会社も、利益も、手段となります。

だからこそ、その使い道を選ぶ必要があります。よい考え方を持った社長に使われることを、事業も組織も幸せとします。そして、優秀な社長は、その事業を広く展開し、更に会社を大きくするのです。

それにより、もっと多くのお客様が喜びを得ます。そして、多くの人が働き甲斐と生き甲斐を得ることになります。会社が大きくなることは、社会にとっても幸せなことなのです。また、会社が時間を繋ぐことで、もっと多くの人を幸せにします。過去の人も、これから関わる人も幸せにします。その中心にいるのが社長なのです。

皆様のような志の高い方が、益々ご活躍されることを心から祈念しております。

まとめ

・社員は、社長の目線を追う。人でなく仕組み、内部より外部という正しき方向に目線を定め、行動すること。社員もそれに見習い仕組みを直し、お客様を第一にするようになる。
・組織は組織としての病を抱える。悪化すると、セクショナリズムや顧客無視という現象を起こす。その組織の特性を前提に、上手に付き合うための策を施すこと。
・適正な組織の機能があって、初めて真っ当な事業ができる。それにより素晴らしいサービスで、多くの人を幸せにする。また、多くの社員もスタッフも働き甲斐を得る。そして、地域も潤う。その中心に社長がいる。
・会社が多くの時間と資源を投じて得た知恵という財産を会社に残すこと。そして、それをこれから会社に入る人たちに確実に引き継いでいくこと。過去の人、現在の人、未来の人、皆が幸せ。
・会社とは社長の考え方でできている。社長にとって、会社も事業も利益も、志のための手段である。自分の人生で何を成し遂げたいのか、最後は自分の理念に戻ることになる。

おわりに

今回、執筆にあたりもっとも重視したことが、経営における『考え方』をしっかりお伝えするという点です。『考え方』とその運用こそが、その成果を分けることついては、本書の多くの部分を使いご説明してきたとおりです。

これから皆様のような熱意もあり、勉強熱心な方は、どんどん事業を大きくすることになります。そこで成功した分だけ、多くの人が寄ってくることになります。望む望まないにしろ、多くの情報やアドバイスが、与えられることになります。

その人たちも、それが本気で役に立つと思い、いろいろなことを言ってくれます。また、彼らも、それで糧を得ているという面もあります。その手法やノウハウを上手に取り入れることで、更に大きく事業を発展することができます。

だからこそ、社長自身が、原則ともいえる『考え方』をしっかり持つ必要があるのです。その幹となる考え方があるからこそ、多くの人の意見に耳を傾けることができます。また、そこから「自社の未来にとって必要かどうか」の取捨選択ができるのです。そのノウハウや外部の方の力も余すことなく、活かすことができます。

私は、「優秀な社長が増えるほど、この世の中はよくなる」と本気で考えております。そのために、事業を営んでおります。しかし、その広がりの遅さに自分の力不足を感じているのも事実です。

年商数億円の経営の考え方を、年商10億円以上の経営の考え方に置き換えていただくためには、その社長自身による深い思考と実行が不可欠です。そして、その各社の事業特性や実施の状況への適切な提言が必要となります。

そのため、当社は、生産効率としては決してよくない『個別コンサルティング』というスタイルをとっております。それ故に、成功率は高いものの、受けられる件数に上限があるという状態になっております。それをもどかしく思っています。私も、自分自身の志の実現のために、目標を持って今日を生きております。1つひとつ前進を続けるしかないのです。

今の世には、あまりにも多くの情報が溢れています。また、技術の進歩や環境の変化が非常に早い時代です。だからこそ、社長は、自分の生き方に真摯に向き合うことが必要になります。また、経営の原則を守ることが必要になります。

本書が、少しでも皆様のつくる未来に貢献できることを願っております。

株式会社ワイズサービス・コンサルティング　代表取締役　矢田祐二

著者略歴

矢田　祐二（やだ　ゆうじ）

株式会社ワイズサービス・コンサルティング　代表取締役。

年商10億円事業構築コンサルタント。

儲かる10億円ビジネス構築のノウハウを提供する、経営実務コンサルタント。

体系化された理論により、停滞した企業の変革を支援している。原則を押さえた経営、組織づくりの実務指導に、多くの経営者からは「成長のスピードが飛躍的に早くなった」、「大きくするための経営のやり方を習得できた」との絶大の評価を得ている。

大学卒業後、大手ゼネコンで施工管理に従事。組織の生産性、プロジェクト管理について研究を開始。停滞する企業と飛躍する企業の差を解明することで、明確で再現性のある理論体系を獲得する。

コンサルタント歴18年400社以上の実務コンサルティングという実績。

今日も、社長とともに、「中小企業こそが、より多くの人を幸せにする」という信念の実現に取り組んでいる。

株式会社ワイズサービス・コンサルティング　https://www.yssc.jp/

年商10億円ビジネスを実現する、
最速成長サイクルのつくり方

2019年9月3日 初版発行　2024年9月5日 第11刷発行

著　者　矢田　祐二　© Yuji　Yada
発行人　森　忠順
発行所　株式会社 セルバ出版
〒113-0034
東京都文京区湯島1丁目12番6号 高関ビル5B
☎ 03（5812）1178　FAX 03（5812）1188
https://seluba.co.jp/
発　売　株式会社 創英社／三省堂書店
〒101-0051
東京都千代田区神田神保町1丁目1番地
☎ 03（3291）2295　FAX 03（3292）7687

印刷・製本　株式会社丸井工文社

Printed in JAPAN
ISBN978-4-86367-514-8